はじめに

経営トップは間違った経営判断をしていないか⁉

新型コロナウイルスの感染拡大は、私たちの生活に想像以上の大きなインパクトをもたらしました。

発生当初はこれほど重大な事態になるとは誰も考えておらず、すぐに収束すると思っていました。しかし、感染が拡大し被害が甚大になるにつれ、楽観的な見方は完全に消え去り、悲観的な空気が日本全体を覆いました。

私たちは、こうした危機を過去にも経験しています。

記憶に新しいのは、２００８年のリーマン・ブラザーズ・ホールディングスの経営破綻に端を発した世界金融危機です。２０１１年に起きた東日本大震災も、忘れることができません。

こうした危機に共通していることは、当然ながら企業活動と個人の生活の双方に大きく複合的な影響が及ぶことです。企業活動に影響が生じれば、個人の生活にも影響が及ぶことは当然ですが、今回のケースで言えば、個人の生活スタイル自体にも大きな変化が生じました。

そして、もう1つの重要な点は、時間が経てば元に戻るものがある一方で、危機によって不可逆的な変化が生じ、「元に戻らないものが生まれる」ことです。

「ニューノーマル（新常態）」という言葉は、世界金融危機の際に本格的に使われ始め、流行しました。今回のコロナショックにおいても、危機が長期化するなかで「ニューノーマル」が様々な場面で登場しています。

新型コロナウイルスの感染拡大が長期化し、収束が当分の間は見込めないなか、私たちの関心事は、ニューノーマル時代をいかに生き抜くかに移っています。

新たな状況下、企業経営において経営トップに求められることは、何でしょうか？

「企業活動を元に戻しながら、新しい常態に適応できるように企業を変えていく」

これが私の答えです。

「元に戻す」という行為は、別の表現を使えば、「変えずに残す」ということです。「変えるものと変えないもの」の選択は、経営トップが担う戦略の本質と言っても過言ではないでしょう。

しかし、ニューノーマルにいち早く適応するためには、「元に戻すもの」よりも「変えるもの」のほうが、優先度が高いことは明らかです。

「企業の何を変えるか?」や「企業をどのように変えるか?」をいち早く見極めて実行することは、企業経営のためのみならず、個人の生活のためにも不可欠な取り組みなのです。

経営トップが変えるべきものとして、私は次の3つがとても重要だと考えています。

変革する戦略①:「カネ」コスト構造を変える
変革する戦略②:「ヒト」人材の提供価値を変える
変革する戦略③:「モノ」※モノを動かすときの意思決定を変える

※モノ
ここでの「モノ」は、会社の中にあるすべてのものを意味する。
モノを動かすときには、意思決定が必要となる

これら3つの変革を同時に推し進めることで、確実にニューノーマルに適応し、多くの企業、そして個人が新たなビジネスチャンスを掴んでほしい。そうした強い思いが本書を執筆する原動力になりました。

私は長年、数多くの企業変革案件に携わってきましたが、企業を変えていくことはけっして簡単なことではありません。潤沢な資金を擁し、どんなに素晴らしい戦略を立てても変革が実現するとは限りませんし、組織にどんな優秀な人がいようとも、変革がうまくいかないこともあります。

現在、コンサルティング業界ではニューノーマル時代を生き抜くための企業変革に関する相談が絶えることがありません。

これが何を意味しているのかと言えば、「企業はいますぐにでもニューノーマルに適応できる経営に舵を切る必要性に迫られている」ということです。

本書では、企業がリソースとして抱える「カネ」「ヒト」「モノ」のとらえ方と活用の仕方を抜本的に変える必要性について説明しています。また、変革をただの「意識変革」だけに終わらせず、「行動変革」につなげるための実践的で具体的なアクションについても解説しています。

「経営トップは方向性を指し示すことに注力すべきだ」

「細かいアクションは現場の人間のほうが詳しいのだから、現場に任せればよい」

こうした考えを持ち続ける経営トップは、ニューノーマル時代に適応し、生き残ることはできないと私は考えています。

必然的に、こうした経営トップが率いる企業では変革も進まず、企業自体も恐らく生き残ることができないでしょう。

危機のときにこそ、経営トップ自らが「意識変革」と「行動変革」を先頭に立って主導することが不可欠です。

本書が、多くの経営トップの変革のきっかけとなることを願ってやみません。

高砂哲男

オペレーション トランスフォーメーション

ニューノーマル「変革」する経営戦略

目次

CONTENTS

第2章

コスト構造を変える

変革する戦略①「カネ」の変革

第3章 人材の提供価値を変える
変革する戦略②「ヒト」の変革

第4章 意思決定のやり方を変える

変革する戦略③「モノ」の変革

CONTENTS

第5章 経営トップ自身が変えるべきこと

企画・編集／神原博之（K. EDIT）
カバーデザイン／志岐デザイン事務所（萩原睦）
本文DTP／一企画

第1章

コロナショックで顕在化した企業経営の課題

ニューノーマル時代、企業経営に影響を及ぼすパラダイムシフト※

▼コロナショックがもたらしたインパクト

「戦後最大の国難」
「100年に一度の経済危機」

今回のコロナショックは企業と個人に大きなインパクトを与えています。ここでは3つのインパクトの例を挙げてみます。

1つ目の最も大きなインパクトは、業績の悪化や収入の減少です。

上場企業の2021年3月期の業績予想を見ると、純利益は前年度に比べ30％以上の減少が予想されています。

※パラダイムシフト

常識、あたり前と考えられていた認識や考え方、価値観などが劇的に変化すること

また、東京商工リサーチの調べによると、2020年9月8日現在、「新型コロナウイルス」関連の経営破綻は、累計で460件にも達しています。業績が大きく悪化し、影響が長期化するなか、企業はこれまでの戦略を抜本的に見直す必要に迫られています。

2つ目のインパクトは、企業や個人の活動・行動が、否応なしに変化したことです。「リモートワーク※」の浸透は、その最たる例でしょう。

企業活動の多くが「リアル」から「ネット経由」へと移行しました。これに伴い、企業の業務やオペレーションのやり方自体が、大きく変容しつつあります。

活動の変容は働き方だけに留まりません。飲み会もネット上で行なわれることが、いまやあたり前となり、その結果、私たちの外出スタイルそのものも大きく変化しました。

こうした変化と並行して生じた3つ目のインパクトは、私たちの意識や価値観の大きな変化です。

「会いたいときに会いたい人と会う」といった、これまでの常識が、非常識になる。「朝起きて、通勤ラッシュの波にのまれながら会社に通う」といった、ごくふつうに行なっていたことができなくなる事態に直面するなかで、私たちのこれまでの価値観が大きく揺らぎ始めたのです。

※リモートワーク

Remote（遠隔・遠い）とWork（働く）からできた造語。場所に制限を受けず柔軟に働く形態。テレワークも同義

「会社とは、いったい何のためにあるのか？」
「自分は、何のために会社に行って働いているのか？」

在宅勤務のために自宅にとどまり、一人で過ごす時間が増えるなかで、こうした問いを自らに投げかけた人は、決して少なくはないでしょう。

▼新常態に適応するための「コア・リーダーシップ」

複合的なインパクトが企業と個人にもたらされ、不可逆的な変化が起こりつつあるなか、企業の経営トップやマネジメント層は、こうした困難な時代とどう向き合い、自社の変革を進めていくかが問われています。

新しい常態に適応するために、企業と個人を変革していかなければならないのです。

その変革では、これまでとは次元の異なる、本質的な強いリーダーシップ、すなわち「コア・リーダーシップ」が求められます。

経営トップは、コア・リーダーシップを発揮しながら、企業全体を変革していくことが必要です。

このコア・リーダーシップを機能させるために必要なことは何でしょうか。

それは、まず自分自身が変わり、そのうえで企業のリソース（経営資源）※、すなわち「カネ」「ヒト」「モノ」自体の見方・とらえ方を、抜本的に変えていくことです。これまでの前提を取り払い、「意識変革」を進めていくことが必要です。

しかし、意識を変えるだけでは危機を乗り切るにはじゅうぶんとは言えません。

企業が有する「カネ」「ヒト」「モノ」の使い方も、抜本的に変えていくことが必要です。そうしたリソースの利活用の仕方を、トップ自らが主導し変えていくのです。

この「行動変革」が伴って初めて、コア・リーダーシップは効果的に機能し、企業を変革へと導くことができます。

※経営資源

会社が経営を行なう際に利用できる、ヒト、モノ、カネ、情報など、すべての資源

危機対応の行動フレームワーク※

▼最初の打ち手は「危機感の醸成」

私はこれまで戦略コンサルタントとして、リーダーシップとビジネスパーソン全体のスキルを底上げし企業を変革するべく、数多くの現場を経験してきました。

今回のコロナショックに対する経営トップの反応には、これまでとはレベルの異なる特別な思いが感じられます。

「どうすれば、このコロナショックから早期にV字回復できるのか?」

「そのために、私たち経営トップはどのように舵取りしていけばよいのか?」

※フレームワーク

共通して用いることができる考え方、意思決定、分析、問題解決、戦略立案などの枠組みこうした問題意識や課題を、企業の経営トップや現場のマネジメント層は抱き、頭を悩ませています。その深刻さは、私の長年にわたる企業変革の現場経験でも味わったことのないものです。経営トップや現場のマネジャーは企業の危機に直面し、何とか打開策を練ろうと必死に取り組んでいます。

しかし、そうした動きがある一方でこれまで同様、多くの経営トップたちには企業変革にどうしても真正面から取り組めない空気が漂っています。

その原因を突き詰めていくと、特に大企業においては、「変わることに対するあきらめ」のようなものが根底にあることが伺えます。そして、そのあきらめは、自分たちの能力に対し自信がないことに起因しています。

こうした意識や感情は、危機が目の前に迫ってきたからといって急に変わるものではありません。そこで、**構造改革や企業変革の最初の打ち手として重視されるのが「危機感の醸成」**です。

自ら主体的に変わっていくことが構造的に難しいのであれば、あえて危機感を意識的に周りから生み出すことで、変革を促していくことが有効なのです。

今回のコロナショックは、企業の変革という意味では大きなきっかけとなります。

使い古された言葉ですが、「ピンチはチャンス」と言われます。ただ、この言葉が企業の中で評論家の提言のように響きわたるだけの企業変革ほど空虚なものはありません。

企業にとって、変革のチャンスは2つの局面で訪れます。

1つの局面は、私たちの生活や意識に不可逆的な変化が生じることで、**これまでに存在しなかった、もしくは存在しても重要ではなかった新しい機会が生まれる**ことです。こうした機会を他社に先駆けて掴むことができれば、大きなチャンスが生まれます。

もう1つの局面は、社会心理学的に見ても、**大きく変われるチャンスは大きな危機のときにしか訪れない**ということです。大きな危機をきっかけに、変わるための行動を実行し変化を遂げ、新しい機会を掴むことでピンチをチャンスに変えることができます。

▼企業における「反応」「回復」「繁栄」の3ステップ

グローバルに事業を展開するデロイトでは、企業における危機対応の行動フレームワークとして、「Respond（反応する）」「Recover（回復する）」「Thrive（繁栄する）」の3つのステップを提唱しています。

■デロイトの行動フレームワーク

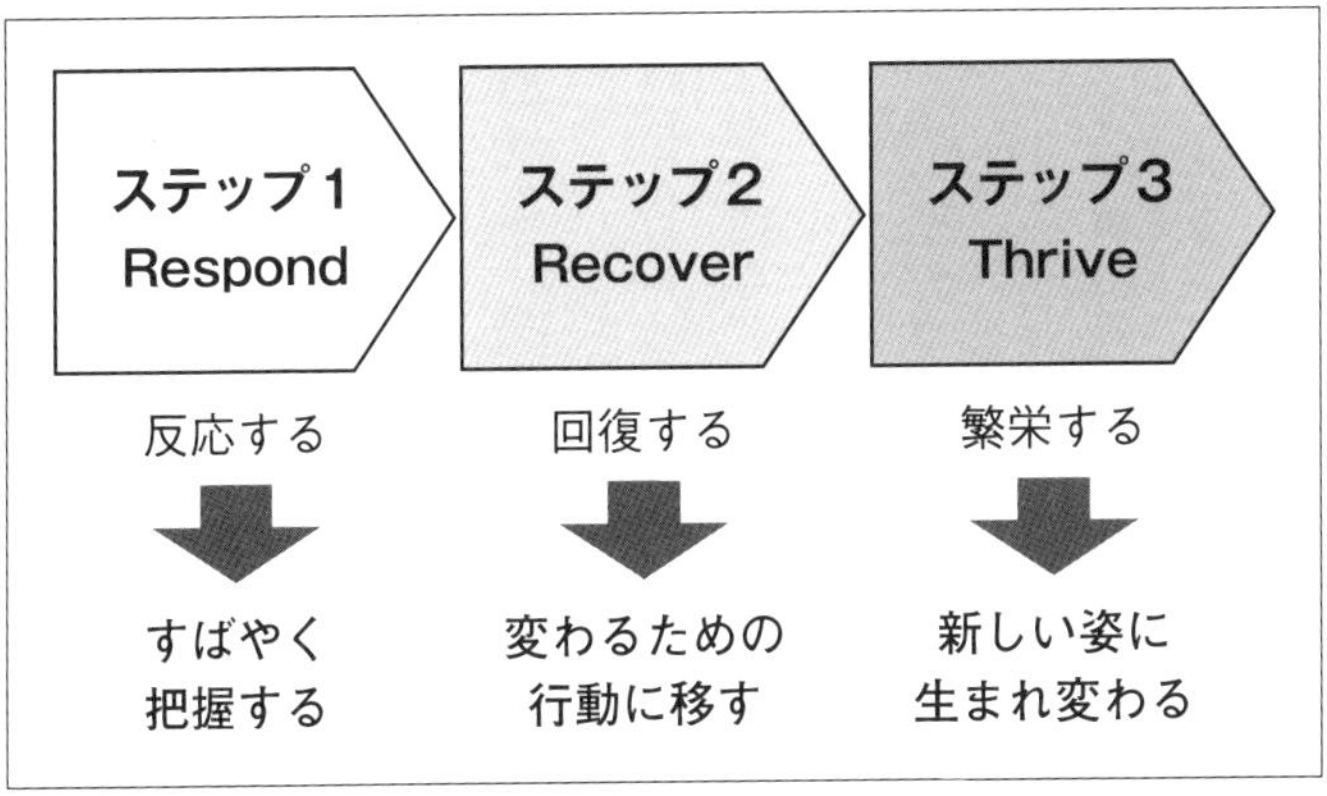

これを文字どおりにとらえれば、「危機にすばやく反応し、問題を解決し回復させ、変化し再び繁栄していく」ことを示しています。

しかし、この行動フレームワークを、大きな危機をきっかけとした、経営トップの自己変革のステップとしてとらえると、上の図のように見え方も少し変わってきます。

すなわち、「**危機をすばやく把握したうえで、危機をきっかけに変わるための行動を実行し、新しい姿に生まれ変わる**」ための、主体的で能動的な意識と行動転換こそが、企業の経営トップには求められているのです。

いま、変われない経営トップは必要ない

▼変われない経営トップに共通する行動特性

危機にすばやく反応し、行動に移すことで自ら変化できる経営トップがいる一方で、危機に反応しても変わるための行動に移せない経営トップも存在します。その差は、どこにあるのでしょうか。

なかなか変わることができない経営トップに共通している行動特性が2つあります。

> ① **外部環境の変化にばかり目を向ける**
>
> ② **これまでと同じ勝ちパターンの思考で目の前の危機に対処する**

1つ目の特性は、**外部環境の変化にばかり目を向けて行動してしまう**ことです。

今回のコロナショックで言えば、世の中で起きている危機の実態を正確に把握し、理解することに強い関心を持ち、情報を得ることに時間を注ぎます。例えば、「どの国で、どのような被害が発生しているのか？」を詳細に知るために、アンテナを張って情報を入手します。

また、「コロナショックによって、それぞれの産業にどのような影響が出ているのか？」をリアルタイムで注視しています。

これらは、すばらしい経営トップの行動姿勢のように見えますが、問題はこの先です。世の中や社外の動きには強い関心を示す一方で、足元の社内の動きや変化には興味を示しません。

危機に際し、次のような問いには無頓着です。

「社内で、どのような不都合が発生しているのか？」

「危機により社員の感情に、どのような変化が生じているのか？」

このような行動特性には、明白な必然性があります。

なぜなら、社内で起こる変化は社外の変化ほど急速ではなく、その影響も一見小さいように見えるからです。変化の進度が小さいがゆえに、何が問題になっているのか、またその影響がどのようなものか、といった足元の課題・問題の重要性が認識されにくくなります。代わりに、変化の進度が大きい外部の環境変化にどうしても意識が集中してしまうのです。

結果的に、外部の情報はどんどん入ってきて、また状況は刻々と変化していきます。

情報を分析し、いくつかのシミュレーションを行なっている間にも、次の新しい変化が起こります。こうして分析に追われ、肝心の行動に移すことができなくなってしまうのです。

▼不確実な時代は「ベストプラクティス※」に頼らない

もう1つの特性は、**これまでと同じ勝ちパターンの思考で目の前の危機に対処しようとしてしまう**ことです。

※ベストプラクティス

ある結果を得るためにもっとも効率の良い手法、技法、プロセス、活動など。先進企業の事例を指すことが多い具体的には、「ベストプラクティス」に頼って考え、行動してしまうことです。「ベストプラクティス」とは、ビジネスの世界で成功している先進企業が採用した戦略・考え方や行動・やり方のことを指します。

先行している企業・成功している企業の戦略や行動を調査・分析し、グローバル資本主義の進展と歩調を合わせ、自社の戦略や行動に活用することは、いまや企業の中では一般的となっています。

なぜ、ベストプラクティスが重宝されるかと言えば、それらを参考に行動したほうが「成功の確率が高まる」と考えられたからです。

激しい競争環境の中で成功し収益を高めるために、経営トップはこぞってベストプラクティスに頼るようになったのです。

しかし、不確実性の増したニューノーマル時代には、これまで経験したことのないような事態が発生します。

そこには頼れる勝ちパターン、すなわちベストプラクティスは存在しないのです。そうなれば、自らで考え、自ら行動しなければなりません。

そんな状況にもかかわらず、ベストプラクティスや、従来の勝ちパターンに頼る思考から抜け出せなければ、良い答えが見つからず、身動きが取れなくなってしまうのです。

外部環境の変化に気を配る経営トップとベストプラクティスをもとに考える経営トップ。いずれも、これまではふさわしいと言われてきた経営トップ像です。

しかし、いまの危機の時代においては、変化の激しい外部環境に目を奪われ、内部の本質的な課題に目を向けられない経営トップは生き残ることはできません。

同様に、他社やベストプラクティスに思考が縛られ、自らの思考をもとに強い意志を持って行動できない経営トップは、すばやい変化に対応できず、必要とされなくなるでしょう。

意識を変えられない経営トップ、行動に移せない経営トップは、企業からは「不要」の烙印を押されるのです。

ニューノーマル時代を生き抜く企業の新しい姿とは？

▼企業変革の2つのゴール

では、企業の危機的状況を察知してすばやく決断・行動し、企業を変えていくために、経営トップはこれから何をどのように変えなければいけないのでしょうか。さらには、具体的に何から考え、行動に移していけばよいのでしょうか。

これが、本書の大きなテーマとなります。

企業の変革を考えるうえでは、まず**企業が変わった先で何を達成したいのか、変革のゴールを明確にする**ことが不可欠です。

ニューノーマル時代における企業の変革のゴールは、次の2つが重要となります。

① 激しい事業環境の変化の中で競争に打ち勝ち、収益を拡大していく
② 私たち一人ひとりの幸せや心の豊かさを実現していく

1つは言うまでもなく、「激しい事業環境変化の中で競争に打ち勝ち、収益を拡大していく」というゴールです。

変化が激しく不確実性の高い環境下でも顧客のニーズを満たし、自らの企業価値を研ぎ澄ましていくことが重要なのは疑いようがないでしょう。企業変革が不断の取り組みであると言われる所以もここにあります。

しかし近年は、グローバル資本主義の終焉が叫ばれ、利益至上主義・株主優先主義の見直しがにわかに求められています。これからの企業は、目先の利益や株主の利益だけでなく、ステークホルダー（企業にとっての利害関係者）全体の利益を考えていかなければなりません。

近年、国連が提唱する「SDGs」※や、「ESG」※に代表される社会的責任が企業戦略上で重要視され、各社が積極的に対応を強化しているのもこのためです。

※SDGs
2015年9月の国連サミットで採択された「持続可能な開発のための2030アジェンダ」に記載のある2030年までに持続可能でより良い世界を目指す開発目標

そしてもう1つのゴールが、「私たち一人ひとりの幸せや心の豊かさを実現していく」ことです。この「私たち」には、企業の社員の意味だけでなく、もっと広く市民という概念も含まれます。

社会全体をより良くしていくことと、その社会で暮らす私たちの心の豊かさを実現していくことは、表裏一体の相互依存関係にあると言えます。

すなわち、ニューノーマルの時代を迎え、**企業は収益のさらなる拡大と、個人の心の豊かさを同時に実現していくために変革を進めていく必要があるのです。**

しかし、この変革は容易ではありません。なぜなら、この2つは時としてトレードオフの関係にあるからです。

実際、コロナショックにおいてもっとも争点となり、政府や地方自治体が難しい舵取りを迫られたのは、「経済活動と人々（社会）の安心・安全をいかに両立するか」という点でした。

経済活動を優先するあまり人々の安心・安全が脅かされる恐れがある一方で、安心・安全を優先するあまり経済的な成長を阻害する可能性すらあるからです。

しかし、私たちは経済活動と安心・安全な社会の両立を追求しており、どちらか片方が

※ESG

環境（Environment）・社会（Social）・ガバナンス（Governance）の頭文字を取ったもの

満たされたらそれで良い、というわけにはいきません。両方を同時に満たす必要があり、2つを両立させるための政策や判断が、コロナ禍においてはもっとも重要な議論となりました。

企業変革においても同様に、収益拡大と個人の心の豊かさの実現は、どちらか一方が満たされていればじゅうぶんという時代ではなくなりました。どんなに困難な状況下でも、企業はニューノーマル時代にいち早く適応するために、2つのゴールを両立させる変革を断行し、前に進まなければならないのです。

▼企業経営の〝もっとも中心で柱となる〟構造や仕組みを変えていく

難しいからと言って変革をあきらめてしまっては、これまでと何も変わりません。

危機に直面したときや困難な事態に直面したときによく取られる経営上の打ち手は、変革の準備や将来の予測に力を注ぐことです。

次なる危機や困難に備えて、未来の予測を入念に行なったり、予測精度を高めることに力を注いだりします。また、危機に備えて何が必要かを、時間をかけて議論し始めます。

※ビジネスモデル
売上や利益を生み出すための、収益構造や事業戦略といった仕組み

しかし、いま目の前で起きている危機に対応し行動できなければ、未来はありません。未来を予測し備えを行なっている間に、企業は存在価値を失ってしまうでしょう。

また、ビジネスモデル※やオペレーション※を急速に変化させる企業も現われます。もちろん、危機に合わせてすばやく対応することは重要です。そのために、ビジネスモデルやオペレーションを変更することも当然必要になるでしょう。しかし、ただすばやく動いてビジネスモデルやオペレーションを外形的に変化させるだけでは、長い目で見れば危機は乗り越えられません。

ニューノーマルに適応するためには、これまでとは抜本的に異なる経営戦略のアプローチが必要です。その鍵は、**企業の内側に目を向け、企業経営のもっとも中心で柱となる構造や仕組みにフォーカスし、企業の根本を変えていく**ことにあります。

目の前の危機に正面から向き合い、企業の本質的な構造・仕組みに目を向け、小手先の打ち手ではなく抜本的な打ち手を実行して構造や仕組みを変えることができれば、将来のまだ見ぬ危機にも備えることができます。また、構造や仕組みを変えることで、ビジネスモデルやオペレーションも、よりスピーディーかつ柔軟に変化させていくことができるのです。

※オペレーション
会社が付加価値を生み出すために行なう、リソースを使った事業運営活動や業務

会社を変えるために必要な「カネ」「ヒト」「モノ」3つの変革

▼経営トップに求められる「大所高所」と「3つの目」

それでは、企業の柱となる構造・仕組みを変えることにフォーカスし、また経営トップ自らが変わるために行動を起こし、企業の変革を断行するためには、どのような「変革」が必要になるのでしょうか。

経営トップに求められる資質や能力を表わす際、「**大所高所**《たいしょこうしょ》」という言葉がよく使われます。企業変革における大所高所とは、物事の細部にとらわれず、大きな観点・広い視点で世の中の流れや企業を見ることを意味しています。

また、経営トップには「**鳥の目、虫の目、魚の目**」という3つの目を使い分けることが重要だといった表現もされます。

■「鳥の目」だけでは行動に結びつかない

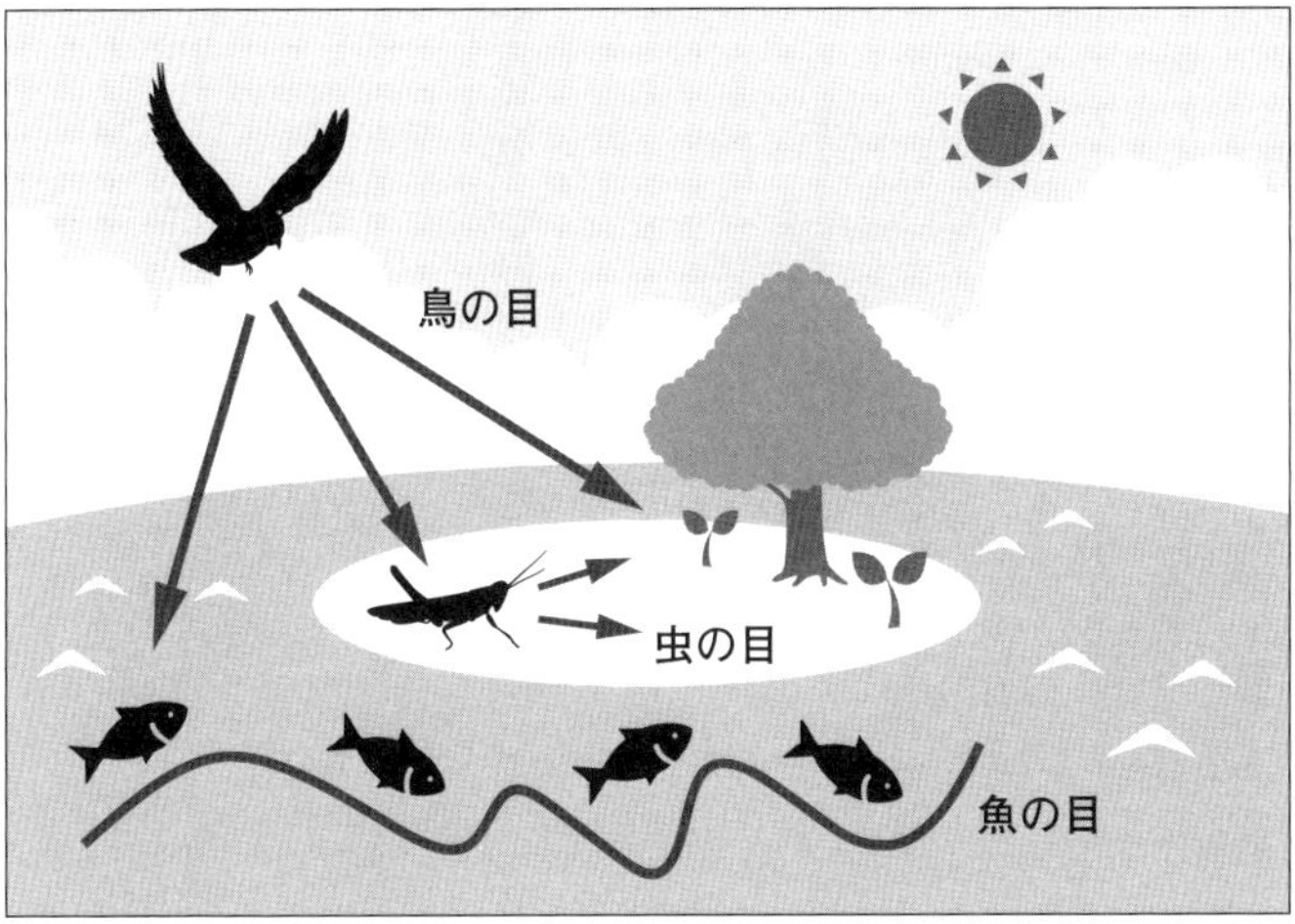

「鳥の目」とは、まさしく大所高所からマクロな視点で全体像を把握する目のことです。「虫の目」とは、近くからミクロな視点でものごとを見る目です。

そして、「魚の目」とは、潮の流れを読むように時代や、市場の流れや変化を見る目です。

つまり、まずは高い目線・視点から全体感をとらえ、そのうえで詳細に目を向けていくことが重要で、経営トップにはそうした資質・能力が必要だと考えられていたのです。

しかし、先ほど紹介したように、危機的状況であってもなかなか変わることのできない経営トップの特性からも、大所高所から世の中の動きを眺めるだけでは行動に結びつきません。
また鳥の目や魚の目を使い、変革の大きな方向性を示したところで、不確実で先が見えない状況では、その方向性を実際の行動に落とし込んで変化を遂げていくことは難しいでしょう。

▼変化を「自分事」としてとらえられているか？

そこで、先の見えない危機的状況では、「虫の目」からスタートすることが重要です。「神は細部に宿る」のたとえにもあるとおり、課題や機会は物事のディテールに潜んでいます。そのため、まずは細部を明らかにするのです。

企業の戦略のもとになる、**社内の構造・仕組みを掘り下げて「見える化」していく**ことが必要です。そのうえで、経営トップが先頭に立って、変革に向けた打ち手・アクションを細部から明らかにし、それをわかりやすい形で「ストーリー化」することで、実際の変革行動に落とし込んでいきます。

このように、足元の状況や内部の課題を掘り下げていけば、課題の全体像を把握でき、

■オペレーションは戦略の下位概念ではない

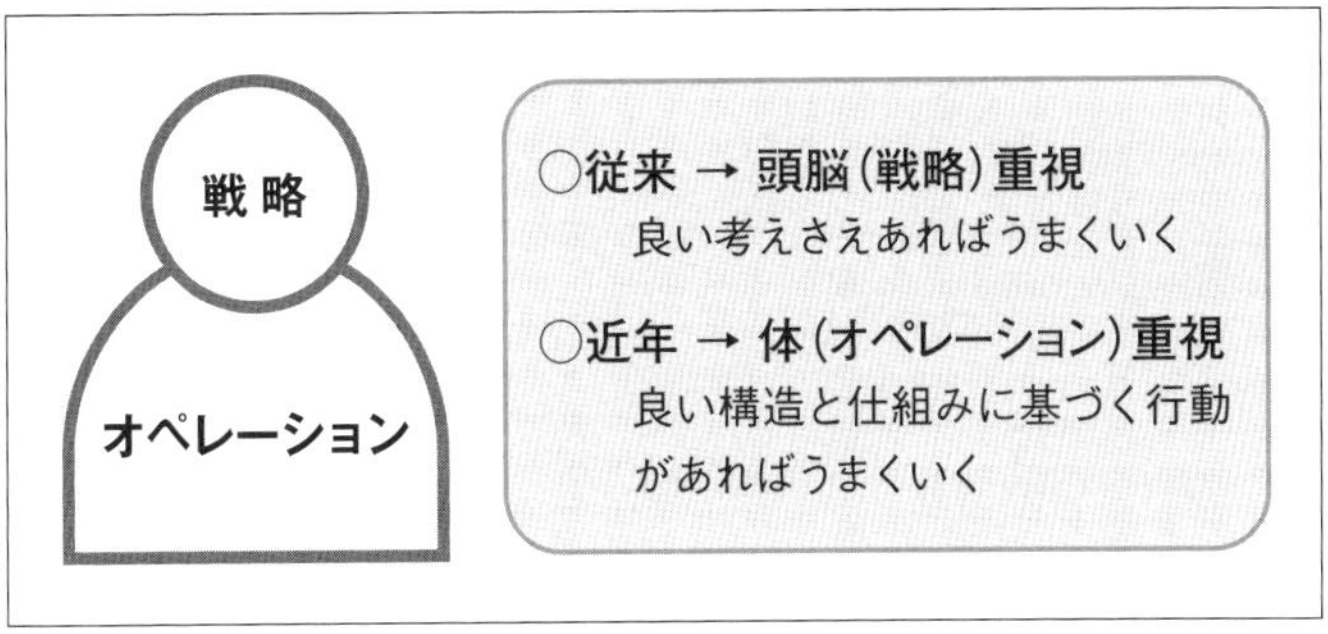
戦略
オペレーション
○従来 → 頭脳(戦略)重視
良い考えさえあればうまくいく
○近年 → 体(オペレーション)重視
良い構造と仕組みに基づく行動があればうまくいく

世の中の変化が自社にもたらす影響も結果的に深くとらえることができるようになります。

そうすることで初めて、時代の流れや変化の全体像も、意味のあるものとして理解することができ、自社の変化や行動につなげることが可能になるのです。これを別の言い方で表わすと、**変化はまず「自分事化」しなければとらえることができない**ということです。

柱となる構造や仕組みを掘り下げて見える化できれば、「ヒト」「モノ」「カネ」のとらえ方を抜本的に見直し、利活用の仕方をバージョンアップさせていくことも容易になります。結果として、これまでとはまったく異なる企業変革につなげることができるのです。

企業・事業を運営する際のもっとも重要な柱となるのは、広い意味での**オペレーション**です。

本書で述べる広い意味でのオペレーションとは、会社の有するすべてのリソースを使い、会社の構造や仕組みを動かしていくことです。

すなわち、大胆な「**オペレーション トランスフォーメーション**」を主導することこそが、これからの経営トップには求められているのです。

以前、オペレーションは戦略の下位概念としてとらえられていました。戦略が企業の「頭脳」であれば、それを実行するのがオペレーションであり、オペレーションは「体」という考え方です。競争優位や企業の収益性の差は、体ではなく頭脳、すなわち戦略の善し悪しによってもたらされるという考えが主流でした。

しかし近年は、競合他社が簡単には真似できないオペレーションの優位性こそが、競争優位の源泉であり、収益性を生み出す差であるという考え方が一般的になってきました。**オペレーションは企業にとっての「心臓」**であり、心臓がきちんと機能しなければ、どんなに頭脳が優れていても、身体全体に酸素はいきわたらず、企業は機能しないのです。

オペレーションの優位性を保つには、「ヒト」「モノ」「カネ」の経営資源に着目し、変革する必要があります。具体的には、①コスト構造を変える、②人材の提供価値を変える、③意思決定を変える、の3つを実行します。

コスト構造を変える変革する戦略①「カネ」の変革

▼コスト構造を〝本質的に〟見直し変革する

経営トップがいま、まず取り組まなければならないのが「カネ」、すなわちコスト構造を変えることです。

企業活動とは、必要な資金を調達し、その資金を使って利益を上げる活動です。そのため、調達した資金（お金）をどこで、どのように使うかは、企業経営の柱となる構造であり活動です。会社に入れば、必ず会計や財務諸表の基礎について学ぶべきだと言われるのもこのためです。

支出（お金の使い方）を管理することが構造上重要であるため、すべての支出は帳簿上で記録され、会計上どのように計上するかもすべてルールが定められています。また、支出したお金の性質によって分類がなされ、その分類をもとに分析や意思決定が行なわれます。

そのなかでも、もっとも重要となる支出分析の基本は、固定費と変動費の分類によるものでしょう。

固定費と変動費の違いについて改めて説明する必要はないかもしれませんが、固定費は売上の増減に関係なく発生する支出（費用）、変動費は売上が増えれば増え、売上が減れば減る支出（費用）のことです。

危機の状況で真っ先に行なうことは、支出を減らすことです。

キャッシュが回ることは企業活動の根幹であり、規模の小さな企業においてキャッシュの不足は倒産につながる死活問題ですから、当然のことと言えます。大企業においては、キャッシュが回らなくなるといった感覚は希薄になりがちですが、支出の抑制はどの企業でも行なわれています。

この支出の中でも、危機の状況では、固定費の負担・支出が企業にとって最大の重荷になることは明らかです。今回のコロナショックにおいても、固定費の1つである賃料の負担が事業者の経営に大きな影響を与えたことは、連日の報道でも伝えられたとおりです。

したがって、危機の時代においては、固定費をコントロールし支出を減らすことが事業運営上、もっとも重要となります。

しかし、固定費を減らすことは容易ではありません。なぜなら、固定費は前述のとおり、売上に関係なく発生してしまう費用だからです。経済活動が停滞して売上が落ち込んだとしても、固定費を急に減らすことは難しいのです。

そこで、**社内の支出や費用（コスト）を掘り下げて詳細を把握し、費用の性質を変えていく**ことが重要となります。

▼社内のコスト構造を掘り下げて詳細レベルで可視化する

具体的には、固定費と変動費の見方やとらえ方を抜本的に変えていくことが必要です。

「固定費と変動費はすでに定められたものだから、見方を変えるなんて、できない」

「そんなことができれば、とっくに手を打っている」

このように考えた経営トップは、意識の転換を図る必要があります。

なぜなら、私たちが普段使っている固定費と変動費といった定義は、あくまで会計上分類されたものであり、見方や使い方によって変化するものだからです。

わかりやすい例を挙げましょう。

特定事業のオペレーションに使用する設備Aがあるとします。設備Aに払われる支出、すなわちコストは固定費でしょうか、変動費でしょうか。

設備Aが自己資産であれば固定費、リース等で賃借利用しているだけであれば変動費、というのが教科書的な答えです。しかし、賃借利用していても、オペレーション上重要で簡単に契約を終了できないのであれば、実際は使用し続けなければならないので固定費ということになります。

一方、設備Aは自社で保有しているものの、企業の様々な事業のオペレーションにも転用することができ、経営状況に応じて用途や使い方を変化させられるとしましょう。この場合も、設備Aを単純に固定費とみなし、支出を減らす際の対象としてしまってよいのでしょうか？

このように、**コスト（費用）はその実際の性質や見方によって簡単に変化します。**

また、コストのコントロールは、これから新たに支出するコストにしか行なえないとの思い込みを捨て去り、すでに支出し保有・利用しているコストにも目を向けて、企業のコスト構造全体を対象に検討することが必要です。

これから支出するコストのコントロールと合わせて、社内のコスト構造を掘り下げて**詳細なレベルまで可視化し、性質を転換させていく**ことが、企業を変えるためには重要になります。そうすることで支出自体を抑えることができますが、それ以上に重要なことは、企業の変わる力、すなわち変革する力を高めることにつながるのです。

人材の提供価値を変える

変革する戦略②　「ヒト」の変革

▼人材の価値、自社の強み・ケイパビリティを掘り下げて考える

続いて、「ヒト」の変革、人材の提供価値を変える点について説明します。

経営トップが企業の経営資源・財産と聞いて、最初に思いつくものは何でしょうか。

そうです。人材です。

「人材こそが企業にとって最大の財産だ」ということに異議を唱える経営トップはいないでしょう。しかし、この認識だけではニューノーマルの時代に生き残ることはできないのです。経営戦略の観点から企業の経営資源・財産をとらえるときは、次のような見方が一般的です。

「差別化※できる強みやケイパビリティこそが企業の重要な経営資源であり財産である」

ケイパビリティとは、企業の成長や収益拡大の源泉となる、自社の強みや組織的能力を指す言葉です。

ではなぜ、差別化できる強みやケイパビリティが企業の経営資源として重要になるのでしょうか。それは、現代のビジネスにおいて、ただ経営資源を持っていれば収益が上がる、というような易しい事業環境は存在しないからです。

企業間の激しい競争に打ち勝って収益を拡大していくためには、差別化できるケイパビリティをフルに発揮させながら競争に勝っていくことが必要なのです。

このように見ていくと、危機をきっかけに企業の経営資源の使い方も変化させ、変革を進めていくためには、**人材の価値や自社の強み・ケイパビリティを掘り下げて考え、変革していかなければならない**ということがわかります。

ここで、みなさんに質問があります。

「自社の強みは何ですか？」

※差別化
競合他社との明確な違いや独自性を打ち出すこと

「自社にとって鍵となるケイパビリティは何ですか？」

おそらく、強みについては、いくつかの答えが思い浮かぶでしょう。ケイパビリティについても、何らかの答えは思いつくかもしれません。では、以下の質問はどうでしょうか。

「自社の人材が持つ、強みとなるスキルは何ですか？」
「自社のケイパビリティと、人材の強みとなるスキルは、どのような関係でしょうか？」

このあたりになると、明確に答えられない経営トップが多いはずです。さらに以下の質問はどうでしょうか。

「危機的な状況に陥り、変わらなければならないとき、変化を促進するために活用できる人材のスキルは何ですか？」
「危機的な状況に陥り、変わらなければならないとき、変革を推進するために活用できる、会社のケイパビリティは何ですか？」

ここまでくると、おそらく誰も明確に答えることができないでしょう。

▼人材を有効活用できているか？

企業は、収益のさらなる拡大と、個人の心の豊かさの実現を同時に追求していくために変革を進めていく必要があると述べました。そのために鍵となるのは、人材のスキルと企業のケイパビリティを高め、変化に適応できるように最大限活用することです。

にもかかわらず、私たちは変化に際し一番大切なスキルやケイパビリティがどのようなものかも理解できていなければ、変革するときに活用できるスキルやケイパビリティについて、掘り下げて理解できていないのです。

片方で人材が最大の経営資源だと言っておきながら、片方では人材を有効活用できず、むしろ変革のボトルネック※になってしまうことほど、残念なことはありません。

これは、ひとえに人材やケイパビリティという、企業の柱となる構造の掘り下げが足りないからにほかなりません。人材の提供価値を掘り下げて転用できるようにすれば、企業の変革は飛躍的に進めやすくなるのです。

※ボトルネック
作業やシステムにおいて、全体の成果や能力に影響する問題となる要因

意思決定のやり方を変える

変革する戦略③「モノ」の変革

▼ニューノーマルに適応するためのオペレーション変革の重要性

そして、最後の変革が、「モノ」についてです。

これからは、ビジネスの前提がめまぐるしく変わる時代となります。今日の延長線上に、企業の未来があるとは限りません。複雑で先の見えない不安定な時代に突入しているため、企業が抱える課題も、ますます多面的になっています。

ニューノーマルの時代に、新しい価値を生み出していくためには、企業のすべての「モノ」を最適に動かしながら企業経営を進めていくことが必要です。

そのために重要となるのは、**オペレーション上の様々な意思決定**です。

経営トップが適切な意思決定を行なうこと、すなわち「モノ」を動かして企業の本質的な構造や仕組みを変革していくことの重要性は、ますます増していくでしょう。また、「モノ」を動かして構造や仕組みを変革するためには、意思決定が伴います。

このように見ていくと、意思決定プロセスは、企業経営の柱となる、企業にとってもっとも重要な活動であることは異論がないはずです。

にもかかわらず、意思決定という活動自体を深く掘り下げ、普段の事業運営を行なうなかで意識している経営トップはそれほど多くないのが実情です。

なぜかと言えば、意思決定は経営トップにとって日常的な業務となっており、頻繁に行なうなかでルーティーン※化しているからです。

深く考えずに、判断・意思決定を行なっているケースは多く、実際にそのような意思決定が横行しているはずです。

意思決定に際し経営トップが直面する課題は、次の2つに集約されると思っています。

①　いざ正しい意思決定をしようと思っても、実行が伴わない・変化ができないと考えてしまい、意思決定ができない

②　どのように意思決定をしたらよいかわからない

※ルーティーン

決まった手順で行なわれる仕事（日課）

1つ目は、「いざ正しい意思決定をしようと思っても、実行が伴わない・変化ができないと考えてしまい、意思決定ができない」という課題です。

変わることに対してあきらめている経営トップが多いことは前に触れたとおりですが（21ページ）、現在は実行に際して社内の障壁が多いことも事実です。

しかし、「変革する戦略②」で触れた人材の提供価値・ケイパビリティを掘り下げ、変化しやすくすることで、これまでは実行が難しいと思われた意思決定も行なうことができ、行動に移していくことができるようになります。

さらに、迅速な意思決定ができるプロセス・仕組みを合わせて整備することで、意思決定を大きく変えることができます。

▼意思決定のやり直し・方針転換が柔軟にできる環境をつくる

2つ目の課題は、「どのように意思決定をしたらよいかわからない」というものです。

先が見えない不確実な環境の中で、大きなインパクトが生じる意思決定を行なうことは、経営トップにとってますますプレッシャーになっています。

しかし、危機をきっかけに変化を起こすためには、意思決定を迅速に行なわなければなりません。そのための鍵は、**環境変化に応じて、意思決定自体も柔軟に変えられる状態をつくっておく**ことです。

「そんなことが本当にできるのか？」

「意思決定が変化してしまうと、会社にとって大きな損失が生じるのでは？」

このような声が聞こえてきそうです。

多くの経営トップはいつも、「間違いのない、正しい」意思決定を行なうことを意識しているはずです。難しい判断を迫られた際、数多くの情報を収集し、様々な角度から分析し、正確な意思決定をしようと努めます。

しかし、複雑で先が見えず予測不能な課題を目の前にすると、正確な判断をすることは難しく、意思決定に膨大な時間をかけてしまう事態や、意思決定を結局先延ばしにしてしまう事態に陥るわけです。

なぜ、経営トップは間違いのない、正しい意思決定をしようとするのでしょうか。それは、意思決定を間違えると元に戻すことができず、大きな損失や悪影響が生じるからです。

そこで、**「間違えず正確に意思決定する」**から、**「意思決定を間違えても、大きな損失や悪影響が生じないようにする」**ように、**発想を転換する**のです。すなわち、**意思決定のやり直し・方針転換が柔軟にできる環境へ変革する**のです。

このことを、身近なわかりやすい例で考えてみましょう。

Mさんは念願のマイホームを購入することを検討しています。

しかし、30年の住宅ローンを組む大きな買い物です。物件は数えきれないほどあり、売り出し価格や最寄り駅、間取り、周囲の環境など、多くの条件を考慮しないといけません。

それらを分析し、最適な物件を見つけられたとしても、隣に騒がしい住人が住んでいるかもしれません。そんなことを考えていると、なかなか意思決定ができません。

一方、もし決まった金額を毎月支払えば、魅力的な新築物件に住むことができ、気に入らなければ別の物件にいつでも移ることができるとしたら、どうでしょうか。物件を決める意思決定は、格段に簡単かつスピーディーなものになるはずです。

こうした状況を、ビジネスの現場でもつくり出せばよいのです。

そのためには、意思決定の種類、内容、判断軸等を掘り下げて可視化し、理解して社内で共有しておくことが重要となります。

詳しくは第4章で解説しますが、意思決定に至る背景や判断要素、考慮すべき事項は多面的で複雑だとしても、掘り下げていくと、各々の意思決定自体は極めてシンプルなのです。重要な意思決定は、シンプルな選択の上に成り立っています。

シンプルな意思決定をバランス良く行なうことができる仕組みを準備しておくことで、危機にすばやく対応し、変化につなげることができるようになるのです。

ニューノーマルの時代を乗り切る変革

▼変わることを恐れず、勇気を持って前に進もう！

3つの変革が、企業の柱となる構造や仕組みに関わる重要な要素であることは、感覚的にはご理解いただけたと思います。

それでも読者のみなさんの中には、「なぜ、この3つなのか？」と思う方もいるかもしれません。しかし、本書を読み進めていくなかで、これら3つの変革が、相互に深く連関しており、相互依存の関係にあることが、ご理解いただけると思います。

3つの変革を組み合わせながら推進していくことで、より危機にすばやく反応し変革できる企業の構造・仕組みができ上がるのです。そうなれば、自らの戦略にも選択肢の広がりが生まれます。いままで、できないと思っていたことも、試すことができるようになる

■3つの変革の組み合わせが会社を変える

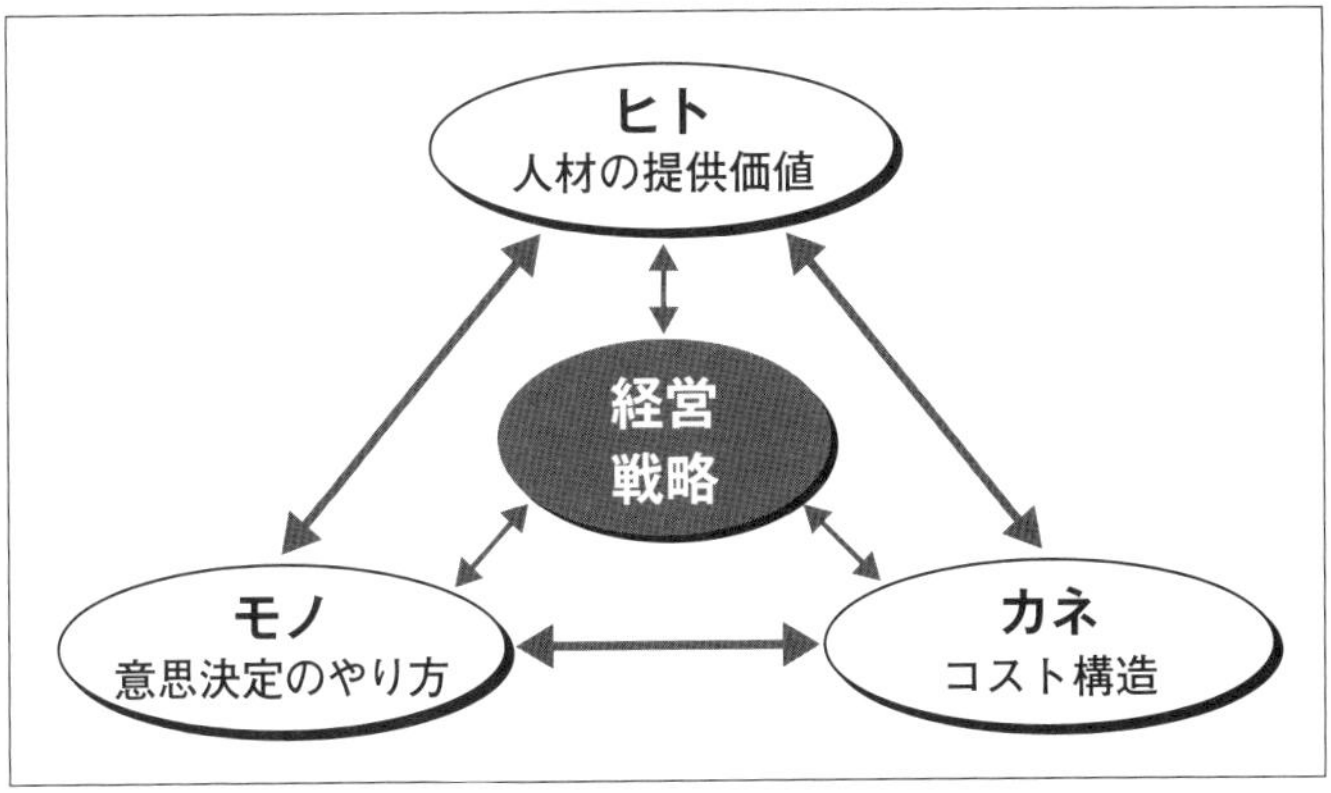

からです。

また、会社の機能や業務プロセスを変えることも、以前より容易になるでしょう。変化に強い構造をつくることができれば、様々なメリットが会社に生まれ、同時に経営トップとしてのマネジメントスキルも高めることができるのです。

自分の会社を変えていくことと経営トップが自分自身を変えていくことは表裏一体の関係にあります。

経営トップが変われば、会社を変えることができます。会社の変革を通じて、収益もV字回復させることができるでしょう。同時にそれは、経営トップとしての自分を成長させ、スキルを高めることにもつながるはずです。その結果、マネジメントにも余裕が生まれ、以前よりも豊かな生活が送れるようになるに違いありません。

▼VUCA時代のキーワードは「アジャイル」

近年は、「VUCA《ブーカ》」の時代とも言われています。

VUCAとは、「Volatility（変動性）」、「Uncertainty（不確実性）」、「Complexity（複雑性）」、「Ambiguity（曖昧性《あいまいせい》）」の4つの言葉の頭文字をつなげた言葉です。

安定して先が読める時代から、不安定・不確実で先の読めない時代になっていることを、VUCAは表わしています。

VUCAの時代を生き抜くうえで、ビジネスの世界では「アジャイル（Agile）」がキーワードとなっています。

アジャイルとは、「すばやい、俊敏な」という意味の言葉で、もともとはソフトウェア開発における新たな開発手法を表わす言葉でした。それが、現在は通常のビジネスでも盛んに使われるようになっています。

「答えのない世の中を生き抜くためには、時間をかけて考えてから行動するやり方では間に合わず、まず、すばやく行動し、動きながら軌道修正していくことが重要である」

■VUCA時代だからこそアジャイル(Agile)が重要

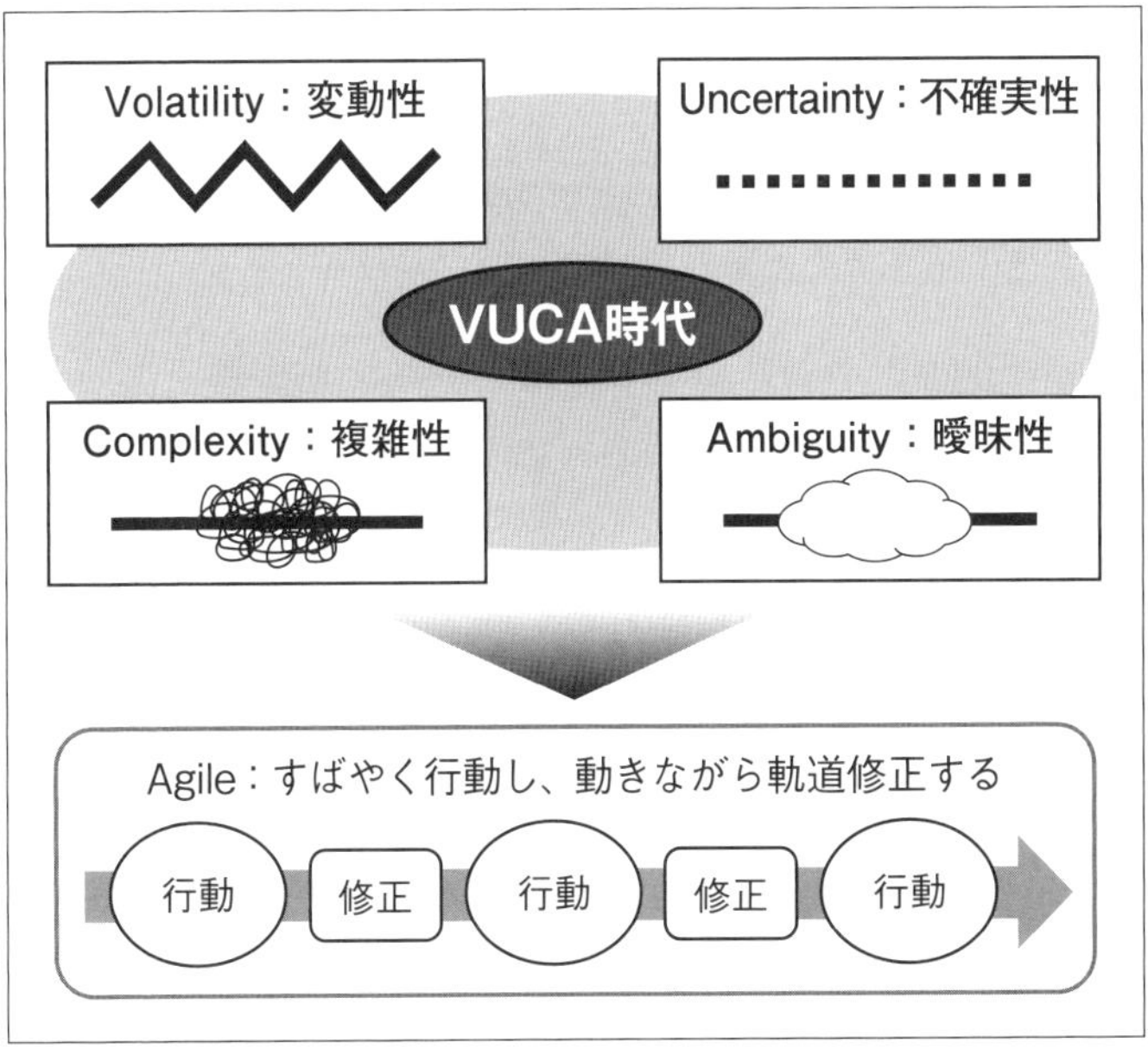

これが、アジャイルの意味するところです。

経営トップは、これからますます成果を求められる時代に突入します。

それに対応するには、自らの能力を高め、できることを増やしていくほかありません。経営トップ自らアジャイルに変わり続け、会社にとってなくてはならない存在であり続けるしか、危機を生き抜く道はないのです。

第1章 まとめ

企業は変革を求められている

☑ 常識、あたり前が変わりつつある

・オフィスでの仕事からリモートワークへ

☑ 変化に適応できる企業や組織だけが生き残る

・危機感を周りから醸成し、変化のきっかけをつくる
・大きな危機のときは大きく変わるチャンス

☑ 危機対応の行動フレームワーク

・危機をすばやく把握する
・危機をきっかけに、変わるために行動する
・新しい姿に生まれ変わる

☑ 収益の拡大と心の豊かさの実現を同時に追求する

・外部環境だけでなく内部環境に目を向ける
・変化を「自分事」としてとらえる

☑ VUCAの時代を生き抜く

・意志を持って行動し、すばやく変化に対応する

第2章

コスト構造を変える

変革する戦略①「カネ」の変革

多くの企業が陥ってしまう「事業計画の罠」

▼経営トップは売上減という現実を直視せよ！

日本経済は、低成長時代に移行してからすでに長い年月が経っています。

ＩＭＦ（国際通貨基金）※の調べによると、日本の実質ＧＤＰ成長率※は、バブルが崩壊した１９９２年以降、０〜２％台でおおむね推移しています。高成長の目安とも言える３％を超えた年は、バブル崩壊後わずか１回しかありません。逆にマイナス成長を記録した年はその間6回もありました。

日本経済は、低成長とマイナス成長を行ったり来たりしながら、およそ30年の年月を重ねてきたのです。

にもかかわらず、日本企業における事業計画のほとんどは、いまだに持続的で安定的な

※IMF（国際通貨基金）

1947年３月より業務を開始した国際機関。国際貿易の推進、加盟国の高水準の雇用と国民所得の増大、為替の安定などに寄与することを目的としている

売上成長を前提としています。ビジネスが右肩上がりで成長し、売上・利益も年々増加することを前提とした事業計画がつくられているのです。

そして、収益が下がることのない事業計画に基づいて予算が立てられ、予算に基づき事業運営・オペレーションが行なわれていきます。

持続的・安定的な成長が難しいにもかかわらず、事業の持続的・安定的成長をほとんどの企業が前提としています。私は、これを「**事業計画の罠**」と呼んでいます。

時代は移り変わったのに、いまだに高度成長期のような幻想を多くの経営トップが抱き、過去の意識の延長線上でマネジメントを行なっているのです。

その結果、多くの企業で事業計画が達成できない、また売上や利益が前年を下回るという事態が起こっています。

事実、みずほ証券の調べによると、2019年3月期の金融業を除く東証一部上場企業の決算において、売上高実績が従来予想を下回った企業の割合は49・4%にも上ります。また、売上高実績が前年度に比べ減少した企業の割合は23・4%、純利益実績が前年度に比べ減少した企業の割合は46・3%にも上ります。

コロナショックの影響で修正決算が相次いだ2020年3月期より以前から、企業はす

※実質GDP成長率

国内で生産された製品・サービスを時価で示した名目国内総生産から物価変動分を除いた実質国内総生産の変化率

でに不確実で先の見えない時代に突入しています。これまで正しい戦略を実行することで結果を出し、優良企業と呼ばれていた企業でさえも、売上の減少や下方修正を余儀なくされることが起こりえます。

そこで、経営トップは「計画どおりに進む、売上が安定的に増える」という幻想を捨て去り、よりリアルな経営判断を行なうことが求められるのです。

▼利益が確実に出るコスト構造に変えられるか？

これからの経営トップは、意識を180度転換して売上が減ることも前提とした事業運営を行なうことが不可欠です。

売上が伸びない事態を想定することは、もはやリスク管理といった話ではなく、通常の事業運営で必要なことです。企業のオペレーションも、売上が伸びないことを前提に構築・運営していくことが求められます。

それでは、売上が伸びないことを前提とした場合、もっとも重要となることは何でしょうか。それは、**売上が伸びない状況でも利益が安定的に上がるコスト構造をつくり上げる**

ことです。

このことを経営トップは強く意識してください。

実際のところ、株主や投資家は企業の稼ぐ力を見ています。危機的状況に直面したり、事業環境が激しく変化したりするなかでも、利益を安定的に生み出せるのか。まさに、その点を評価するのです。

また、コンサルティングの立場から見えてきたのが、近年の傾向として株主や投資家は企業の「変化への対応力・修正力」をより重視するようになっていることです。

市場からの評価が低い企業の特徴は、大きく2つあります。

1つは、計画と実績の乖離が大きい企業です。このタイプの企業は、自社のビジネスを予測する能力が低いとみなされます。

もう1つは、業績の下方修正を繰り返す企業です。このタイプの企業は、予測する能力が低いことに加え、変化への備えや対応ができないとみなされます。

こうした企業は市場からの評価を得られず、株価も上がらない傾向にあります。

「売上が伸びなくても確実に利益が出せるコスト構造にいかに変えていくか？」が、日本企業にとっての喫緊の課題なのです。

コスト構造を変えなければ業績は回復しない

▼3つのコスト構造を再認識する

コスト構造を変革しコントロールすることは、会社の骨格を考える本質的な活動であるにもかかわらず、ほとんどの経営トップは、自らの組織や事業のコスト構造をじゅうぶんに把握できていません。

これでは、どれほど「ヒト」「モノ」の変革を推し進めても、業績を回復していくことはできません。

これからは予測しない変化が起きることを前提に「**実際に利用を増減できるコストなのか?**」と「**別の用途に転用できるコストなのか?**」の2つの視点でコスト構造を可視化することが重要です。そのうえで、具体的なアクションを取り、コスト構造を実際に変革していくことが経営トップには求められています。

自らの組織や事業のパフォーマンスを最大化するためには、コスト構造を自らが掘り下げて理解し、手を打っていく必要があるのです。

企業の資産は、取得した際に、まず帳簿上、費用（コスト）として支出・支払いの形で記録されています。また、企業の費用は、必ず費用項目や勘定科目ごとに整理されていますから、それらのデータを用いてコスト構造の分析を進めていきます。

そこで最初に取り組むべきことは、**自らの担当する事業や組織のコストを、先ほどの2つの視点から分析し、類型化する**ことです。

ここで、改めてコスト構造やコスト分析に関わるいくつかの基本的かつ重要な概念をおさらいしておきましょう。

第1章で触れたように、固定費は「売上の増減に関係なく発生する費用」、変動費は「売上が増えれば増え、売上が減れば減る費用」です。

次に直接費と間接費ですが、直接費とは「収益を生み出す活動に直接かかる費用」です。

一方、間接費は、「収益を生み出す活動に間接的にかかる費用」です。一般的には、製品やサービスの設計・製造・販売に関わるコストは直接費です。一方、本社部門などで発生する費用は間接費となります。また、備品の購入など、いわゆる間接材と言われる物品の購入費用は間接費と定義されています。

最後にOPEXとCAPEXですが、OPEXは「Operating Expense」の略称で、「事業運営上で継続的に必要となる支出」を指します。CAPEXは「Capital Expenditure」の略称で、資本的支出と訳され、「会社の資産価値を向上させるために支払われる支出」を指しています。

費用自体に善し悪しはありません。しかし、売上が伸びない状況のいま、事業運営を行なっていくためには、次の3つが望まれることは明らかです。

①　固定費をできる限り減らす
②　間接費をできる限り減らす
③　OPEXをできる限り減らす

売上が伸びない、計画が下振れすることが前提の中で、1つ目の固定費をコントロールすることがもっとも重要であることは第1章でも触れたように異論がないでしょう。

■コスト構造分析の基本概念

コストの基本概念

（1）固定費と変動費

- 固定費：売上の増減に関係なく発生する費用
- 変動費：売上が増えれば増え、減れば減る費用

（2）直接費と間接費

- 直接費：収益を生み出す活動に直接かかる費用
- 間接費：収益を生み出す活動に間接的にかかる費用

（3）ＯＰＥＸとＣＡＰＥＸ

- ＯＰＥＸ：事業運営上で継続的に必要となる支出
- ＣＡＰＥＸ：会社の資産価値を向上させるために支払われる支出

コスト分解

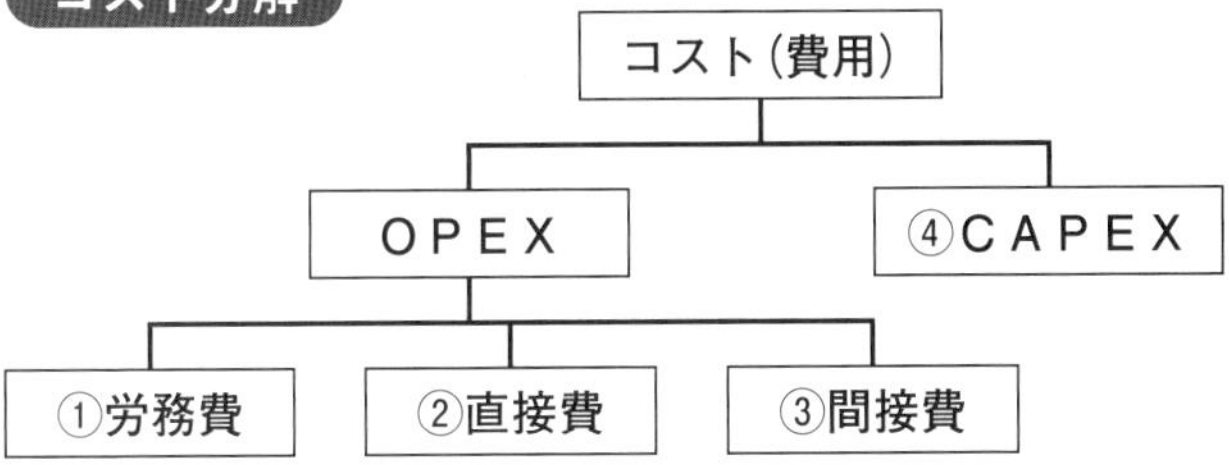

また、２つ目の間接費の削減も必ず話題になります。収益を直接生み出さない支出に振り向ける余裕はないからです。

３つ目のＯＰＥＸはその性質から、労務費、直接費、間接費に分けて考えると、ＯＰＥＸを削減するアクションに結びつきやすくなります。

コスト構造分析を行なうときは、上の図表の①〜④の費用項目ごとに、内訳を細かく分解してい

きます。費用項目や勘定科目の名称・まとめ方は企業によって異なりますが、一例は次のとおりです。

①労務費　：営業労務費、営業事務労務費、間接部門労務費……
②直接費　：原材料費、外注費、販売促進費、物流費……
③間接費　：旅費交通費、通信費、賃借費、広告宣伝費……
④ＣＡＰＥＸ：設備費、メンテナンス費、大規模修繕費……

固定費の議論はこれらすべてに関わってくるため、後ほど説明します。

まずは、①労務費、②直接費、③間接費、④ＣＡＰＥＸの総額と、その内訳を代表的な費用項目ごとに明らかにし、把握することがスタートとなります。なお、労務費については、厳密には製品を生産するときに必要な人件費を指しますが、本書では人件費と同じ意味合いで使用します。

こうすることで、自らの会社・事業がどのような性質のコストを使って事業活動を行なっているか、全体像を把握することができます。

▼コスト構造の分析は〝小さな単位〟で行なう

私がコンサルティングの現場で経営トップからよく受ける質問は、「こうした分析をどこまで細かく分解し、どの単位で行なう必要があるのか？」ということです。その答えはシンプルです。**アクションを取る粒度《りゅうど》（大きさ）・単位で可視化を行なう**のです。

例えば、労務費であれば担当する事業・組織全体の労務費があり、それを部単位、課単位、そして最終的には担当業務の単位まで分解できるはずです。

事業・組織全体に同じ施策・アクションを実施するのであれば、労務費総額が可視化できていれば良いということになりますが、そのような打ち手は実際のビジネス現場では考えられません。労務費を変革しようと思った場合、実際は担当業務レベルで打ち手を考えていくか、大きくても課単位で考えていくでしょう。

それであれば、労務費の分析も担当業務レベルまで深掘りしなければ意味がありません。

これまで日本企業が変われなかった要因の1つは、分析のレベルがおおざっぱすぎて、アクションに結びつかなかったことが挙げられます。

大きな単位でコスト構造を把握することは、事業・組織全体を理解するうえでは有効ですが、アクションを取るうえではほとんど役に立ちません。コスト構造の詳細分析は、コスト構造を本質的に変えていこうとするならば必要不可欠です。こうした作業を面倒だと言って避けていれば、永遠に変革はできないでしょう。

グローバル企業であるデロイトでは、AIテクノロジーも取り入れたツールを活用し、費用項目を勘定科目※ごとに自動分類し集計するサポートを行なっています。こうしたツールを使えば、短期間でコスト構造を分解し可視化することが可能です。

コスト構造分析を行なうときは、**インパクトの大きな項目から着手していく**ことが効果的です。①労務費、②直接費、③間接費、④CAPEXの金額の内訳を、代表的な費用項目ごとに明らかにしたうえで、全体に占める比率が高い項目に注意を振り向けるのです。

次ページに示したように、架空企業のX株式会社を想定し、そのコスト構造を72ページに例示しています。X社の例を参考にして、あなたの企業や事業のコスト構造の可視化のワーク（演習）を進めてみてください。

※勘定科目

複式簿記で使用される、取引の内容を端的に表わした名称。資産・負債・資本・収益・費用に分類される

■X株式会社（架空企業）の概要

【例示企業】 X株式会社
- 業歴10年
- 従業員数1,500名
- 高齢者向け商品製造・販売事業

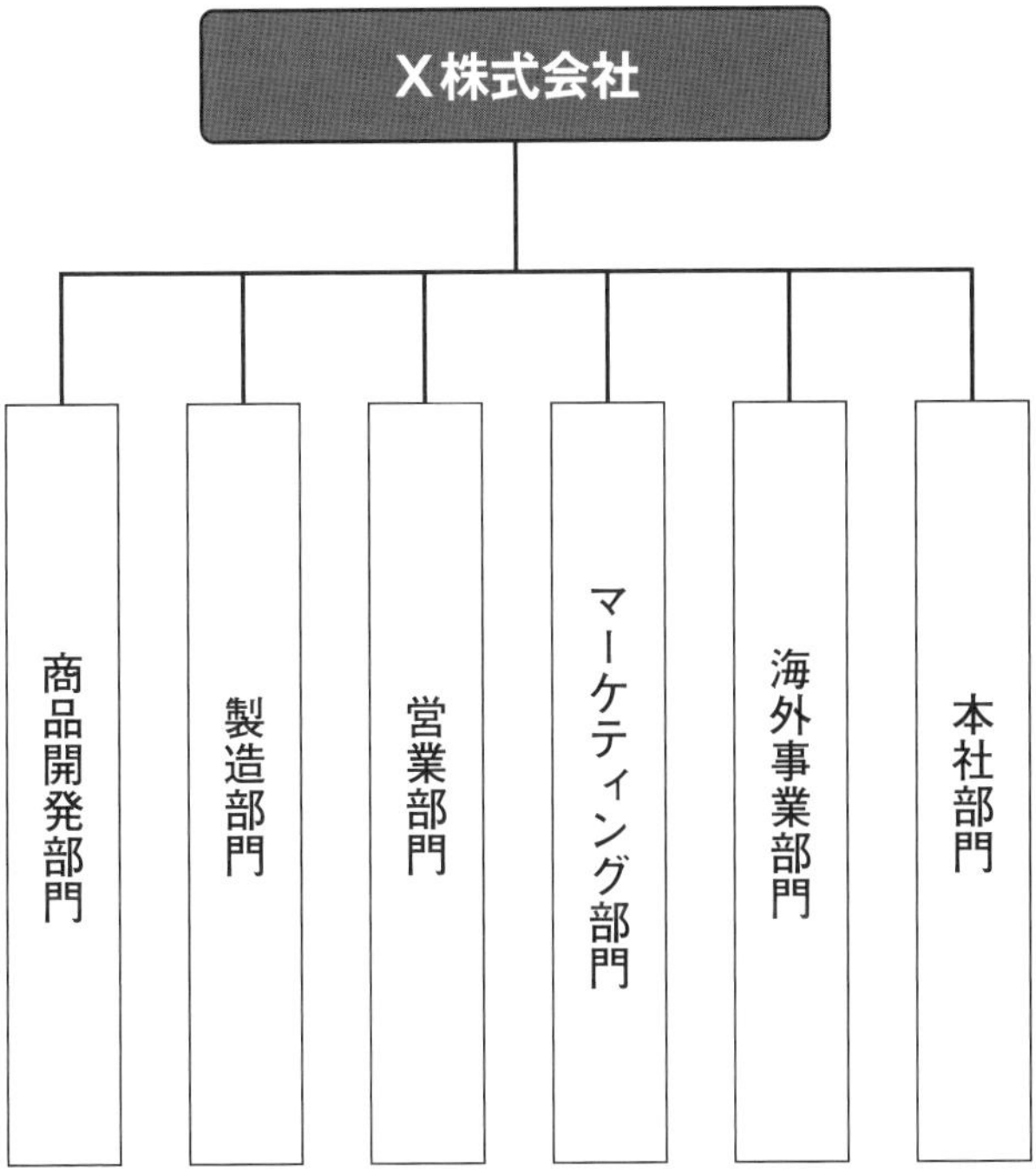

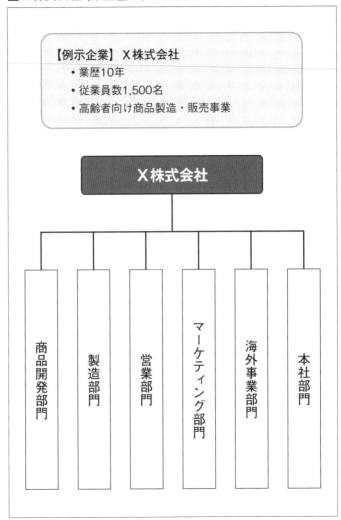

[Work] コスト構造を可視化する

例 示

費用項目・勘定科目を書き出す

営業労務費、営業事務労務費、間接部門労務費、旅費交通費、外注費、設備費、メンテナンス費、賃借費、物流費、広告宣伝費、販売促進費、大規模修繕費、通信費、原材料費

↓ 分解する

①労務費
- 営業労務費
- 営業事務労務費
- 間接部門労務費

②直接費
- 原材料費
- 外注費
- 販売促進費
- 物流費

③間接費
- 旅費交通費
- 通信費
- 賃借費
- 広告宣伝費

④CAPEX
- 設備費
- メンテナンス費
- 大規模修繕費

ワーク

費用項目・勘定科目を書き出す

↓ 分解する

①労務費

②直接費

③間接費

④CAPEX

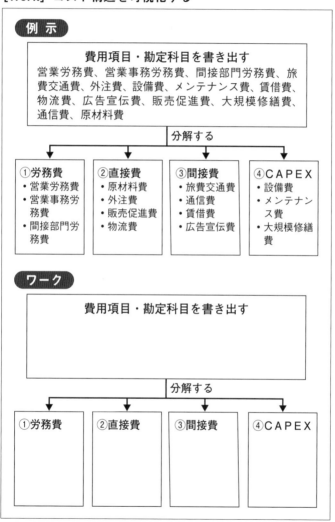

▼コスト構造を〝会計上の分類〟ではなく〝本質的な性質〟でとらえる

こうしたコスト構造を再認識したうえでも、実際のビジネスの現場でコスト構造の変革を実行に移すことは容易ではありません。

なぜ難しいかと言えば、こうした仕訳（費用分類や定義）は会計上・経理上の概念であり、財務部・経理部以外の人は普段意識することがなく、事業運営やオペレーション上で活用する場面が少ないからです。これが1つ目の理由です。

事実、経営トップの中でも、こうした費用の詳細をつねに意識しながらマネジメントを行なっている人はそれほど多くないのが実情です。

固定費と変動費、直接費と間接費といった程度の区分は会計の基礎として理解しているものの、実際のビジネスの現場でじゅうぶんに活かされる知見には至っていないのです。

もう1つの理由は、分類や定義を理解しても、アクションに結びつける必要性が低いと感じられるからです。実際のビジネスの現場でも次のような議論がよくなされています。

「固定費を減らす必要があると言われても、減らせないから固定費なのだ」

「いずれ必要になるときのために資産として持っておくことが重要だ」

こうした議論は、特に大企業において顕著です。業務が細分化されているために、固定費・変動費といった分類を意識する必要がないことに加え、固定費負担が大きくても、経営トップ自身の業績や給与には何ら影響がないからです。

結果として、コスト構造を変えるといっても、手のつけやすい一部の変動費にだけ目を向け、例えば外注費や備品の購入を抑えるといった取り組みに注力することになるのです。

こうした状況からは、いますぐに脱却しなければなりません。

コスト構造の変革に取り組むためには、コスト構造を会計上の分類ではなく、**本質的な性質でとらえ直していく**ことが肝要です。

そして、実際のビジネスの現場で理解でき、アクションにつながる形に翻訳することが、経営トップがコスト構造を変えるためには必要です。

コスト構造を「利用ベース」「価値ベース」で考える

▼コスト構造を「利用・価値」の側面から見てみる

では、コスト構造を本質的な性質でとらえ直し、ビジネスの現場で使えるように変革するとは、どのようなことを意味するのでしょうか。

それは、**コスト構造を支出（費用）の側面からではなく、「利用・価値」の側面から考える**ということです。通常、企業のコスト構造は、支出（お金を使うこと）、言い換えると、お金の使いみちによる分類構造を意味します。その結果、経営トップは組織や事業を運営するうえで、つねにコストをお金の支出・使いみちの側面からとらえます。

一方で、発生したすべての支出は、企業にとっての資産※となります。コスト構造は、支出・使いみちの構造を表わすと同時に、企業経営を行なうための資産・価値の構造も表わ

※資産

ここでの資産は、会計上の分類ではなく、財産・価値まで含めて広くとらえている

しているのです。

ここで、支出は基本的に「単発」の取り組みだと言えます。したがって、単発の行為に対して取りうるアクションの幅はそれほど多くありません。支払いを行なうか、減らすか、止めるかといった単純な選択となります。支払いを止めることができなければ、それ以外はどうすることもできません。

一方、資産・価値は、保有し活用するという長い時間軸を持った「継続的な」取り組みです。継続的な行為ということは、その間に取れるアクションも必然的に多くなります。

ところが、多くの経営トップは支出や支払いといった行為に注目はしても、保有・活用の行為にはあまり注意を払いません。これでは、コスト構造を変えることが難しいのはあたり前です。

コスト構造を変えるには、まずは経営トップのこうしたマインドを抜本的に転換する必要があるのです。

▼資産・価値の活用法をコントロールする

■資産を価値で認識する

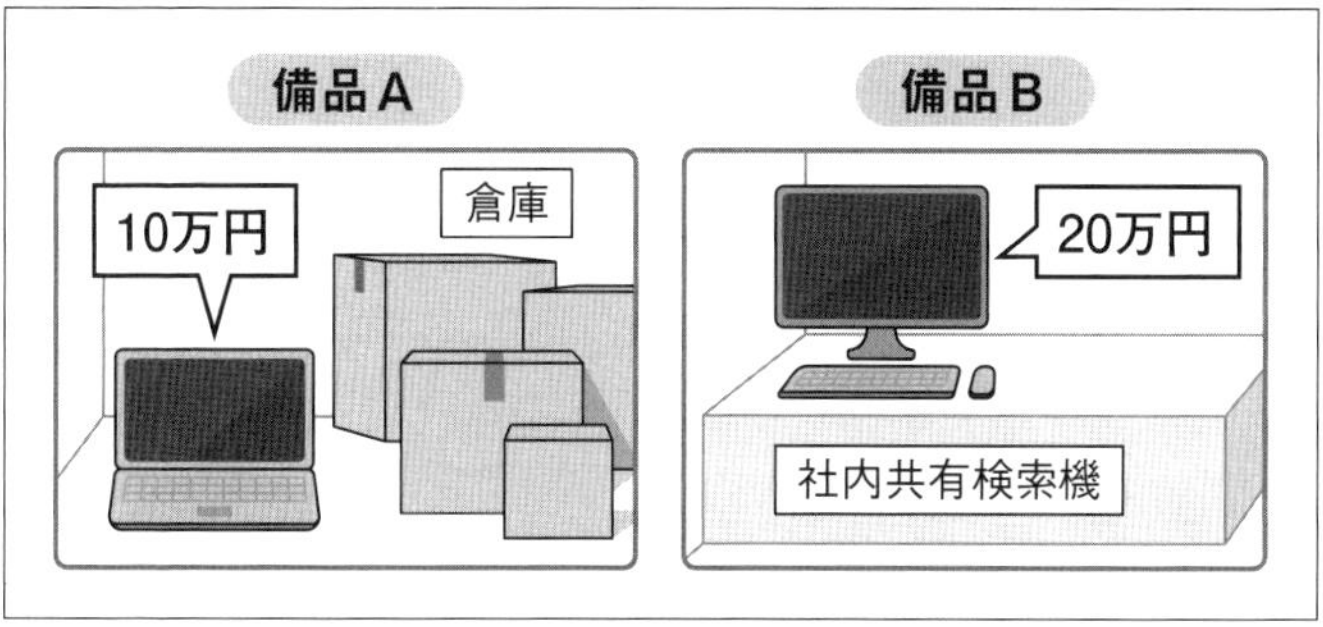

わかりやすい例を挙げて考えてみましょう。

例えば、同じ種類の備品（例えばパソコン）でも、価格が10万円の備品Aと20万円の備品Bがあります。これを支出の側面から見ると、備品Aを多く購入するほうがトータルのコストを抑えることができるため、コスト構造上はメリットがあると、誰の目にも映るでしょう。

ところが、ここに落とし穴があるのです。

10万円で買った備品Aは何かの理由で会社の倉庫で眠ったままであり、20万円で買った備品Bは様々なところで使われているとすれば、価値の側面から見れば備品Bを多く保有しているほうが、明らかにメリットがあると考えられます。

しかし、会社の中で可視化されているのは、10万円で買った備品Aの支払い情報と、20万円で買った備品Bの支払い情報のみです。利用や価値に関する情報はどこにも可視化されていません。

私はこれまで、数多くのコンサルティングを手がけてきましたが、このようなあたり前のことが意外にも企業の中では可視化されておらず、そのため社員の意識もそこに振り向けられていないのです。こうした利用や価値という認識の欠如は、会計上においては「資産」として認識され計上されるものの支払いについても同様に生じます。資産は、支払いの額をベースに取得金額が計上され、保有している間は取得金額をもとに会計処理されます。つまり、企業におけるコスト構造は、すべて支出・支払いベースでとらえられており、肝心な価値ベースでは把握できていないのです。

しかし、「支出・支払い」とは、企業活動の手段であり目的ではありません。真の目的は、資産を活用し価値を生み出すことです。コスト構造は、生み出す価値をベースに考えなければならないのです。不確実で計画どおりに事が進まない危機的状況のいま、すでに保有している資産、これから保有しようとする資産をどのように活用できるか、**活用の仕方をコントロールすることこそ、コスト構造を変革する**ための大きなポイントになります。

どこにお金を支払うかについて考えるときも、あくまでこうした資産・価値の活用法に目を向けることが重要なのです。

変化に対応できるコスト構造とは？

▼コスト構造を変革するための2つの視点

それでは、コストを資産・価値の側面から分析する場合、どのような視点が必要になるでしょうか。

コスト構造の分析には、2つの重要な視点があります。

① 売上の増減や予期しない変化に合わせて、実際の利用を増減できるコストか？
② 特定の用途だけではなく、幅広い用途に転用できるコストか？

1つ目の視点は、**「売上の増減や予期しない変化に合わせて、実際の利用を増減できる**

コストか？」です。

これは従来の固定費・変動費の考え方とベースは同じですが、単に会計上の固定費か変動費かといった区分ではなく、実態ベースでとらえることです。VUCAの時代においては、実践的なアプローチを取らない限り、コスト構造を変えることはできません。あくまで実態ベースでコストをとらえていくことが必要となります。売上の増減に合わせて、実際の利用を増減させられるコストのほうが望ましいことは、もはや説明するまでもないでしょう。

もう1つの重要な視点は、「**特定の用途だけではなく、幅広い用途に転用できるコストか？**」です。すなわち、予測しない変化が起きた際、別の用途に振り向けることができる資産かどうかという視点です。

変化が激しい社会においては、特定の用途にだけ使用することを前提にしていると、資産の価値は高まりません。「どれだけ転用できる資産なのか」が、これからは極めて重要になるのです。

具体的な事例で見てみましょう。

100万円で購入した設備AとBがあります。設備Aも設備Bもフル稼働しており、資

■転用性に注目して資産の価値を評価する

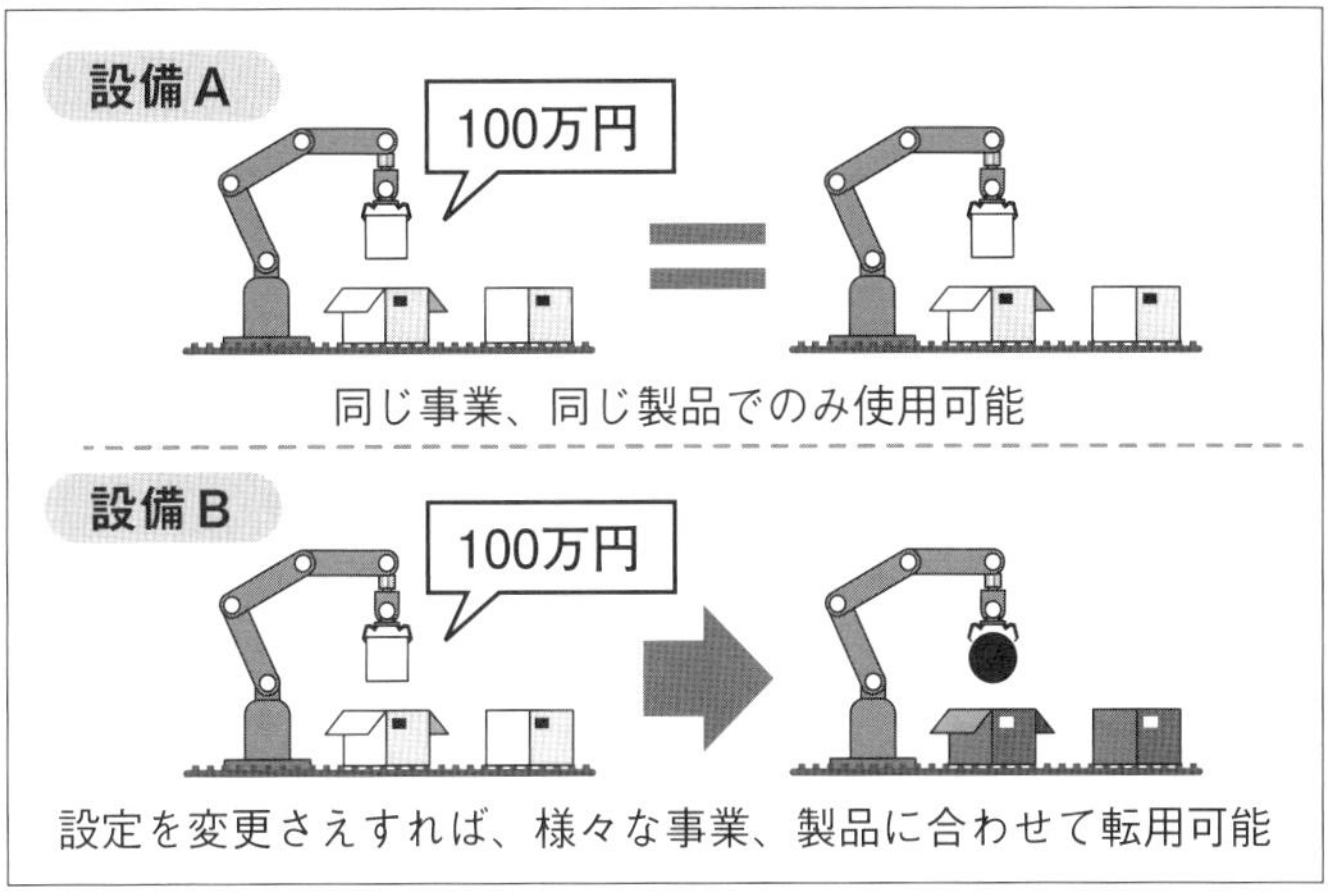
設備A
100万円
同じ事業、同じ製品でのみ使用可能
設備B
100万円
設定を変更さえすれば、様々な事業、製品に合わせて転用可能

産としての価値はじゅうぶん高い状況です。

しかし、設備Aは特定の事業・用途にしか使用できません。その場合、その事業の収益性が何らかの要因で落ち込むと、設備の価値も下がります。なぜなら、利用できる場面が限定されるからです。

一方で設備Bは、様々な用途に転用することができます。つまり、他の事業でも使うことができるので、不稼働になって倉庫の隅で眠る心配もありません。市場環境の変化に対応できるという点で、設備Bのほうが価値として高いことは明らかです。

こうした流動性や転用性といった視点を持つことが、コストを資産・価値の側面から分析するうえで大きなアドバンテージとなるのです。

▼固定的なコストの負担は今後の大きな課題

このことは、賃料などの継続的に支払うコストについても同様です。

例えば、賃借スペースCは特定の用途にしか使用できないのに対し、賃借スペースDは様々な用途で使用することができると仮定します。VUCAの時代において変化にすばやく対応するためには、様々な用途に使える賃借スペースDにコストを振り向けておいたほうが、企業にとっての利用価値が高まることは明らかでしょう。

こうした見方は、実はビジネスモデルを考えるうえでも役に立ちます。

「GAFA」※と呼ばれる、ネット上のプラットフォーマーは、変化の激しい環境にすばやく対応できるビジネスモデルを構築している好例です。

ネットビジネスはリアルビジネスに比べて、構造的に固定的なコストの割合を低く抑えることができます。なぜなら、店舗網や販売員といった固定費をリアルビジネスほど多く抱えなくてもよいビジネスモデルだからです。

とはいえ、プラットフォームビジネス※はインフラの構築など、初期の段階で固定的なコストが発生します。発生する固定的なコストの負担は大きな課題です。そこで、構築した

※GAFA

世界最大の企業群（Google、Apple、Facebook、Amazon）の頭文字を取った略称

■プラットフォーマーのビジネスモデル

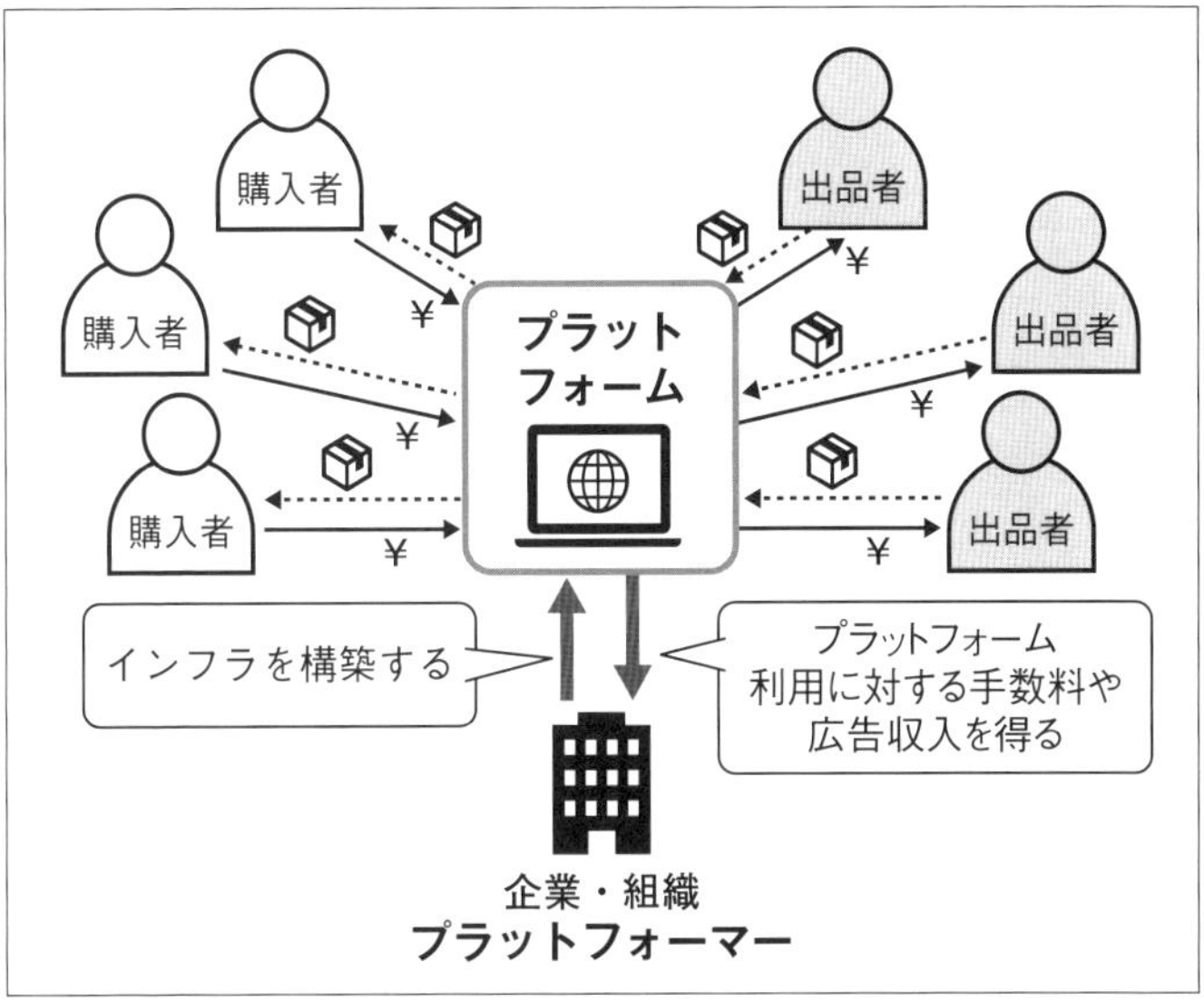

インフラやサービスを幅広くパートナー（出品者や購入者）に開放し、利用してもらうことで自社の固定的コストを転用化し、固定的なコストの負担を抑えているのです。

コロナショックにより、これからはますますリアルからネットへのビジネスの流れが加速すると言われています。

これは、人の移動や接触が難しくなったという、コロナショック特有の要因もさることながら、変化に対応できるコスト構造を構築するという視点からとらえると、ある意味必然とも言えるのです。

※プラットフォームビジネス（プラットフォーマー）

モノやサービスの購入者と出品者を結びつける基盤（インフラ：プラットフォーム）を構築するビジネス（その企業のことをプラットフォーマーと呼ぶ）

コスト構造を4象限にマッピングする

▼普段なかなか意識が向かないところに改革の機会あり！

続いて、先に述べたそれぞれの費用項目の変革に着手する手順を見ていきましょう。これについては多くの経営トップにとって悩みどころだと思います。

私の長年のコスト構造変革支援の経験上、多くの企業が重視・注力する順番は次ページの図の上（従来の考え方）のとおりです。

従来の発想に基づき、支出・支払いベースでコスト構造をとらえていけば、収益に直接インパクトがある項目に注意が向かうのは自然な流れです。特に、どの企業においても直接費の支出・支払いの削減には力を入れて取り組んでいます。また、ＣＡＰＥＸも通常は金額が大きく、ビジネスの収益に影響しているため、支出は慎重に行なわれています。直

■コスト構造変革の手順

【従来の考え方】

②直接費 → ④CAPEX → ③間接費 → ①労務費

【効果的な考え方】

①労務費 → ③間接費 → ④CAPEX → ②直接費

接費とCAPEXは、事業運営と結びついているため、経営トップも自然と意識を振り向けるのです。

しかし、私の経験から言えば、上図の下（効果的な考え方）のように順番を入れ替えて変革を進めることが効果的だと考えています。

この順番には、明確な理由が存在します。まず、**普段意識を振り向けていないところにこそ、改革の機会がたくさん存在している**ためです。加えて、コスト構造を利用ベース・価値ベースでとらえ直したときに見方が変わる・変えられるものこそ、抜本的なコスト構造の変革が可能になるため効果が高いのです。その視点から見た優先順位がこれなのです。

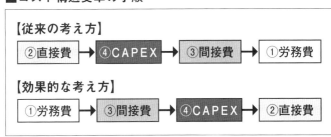

労務費（人件費）は通常、企業としてもっとも手がつけにくく、コストとしても認識しづらい性質のものであることはマネジメント経験のある方なら誰でも容易に理解できるでしょう。

しかし、いまのような危機的状況で変革を進めるためには、これまで注力できていなかったコスト構造こそ可視化し、利用ベース・価値ベースでとらえ直すことが必要になってくるのです。

▼費用を「2軸・4象限」にマッピングする

費用項目を、アクションが取れる単位まで分解し、現在のコスト（費用）の金額を把握したうえで、それらの費用を「2軸・4象限」にマッピングしていきます。

縦軸は、「売上の増減や予期しない変化に合わせて、実際の利用を増減させることができるか？」です。上には、増減させることができる項目とその金額、下には、増減させることができない項目とその金額を記載します。会計上の分類や定義から離れて、実態に即した分析・振り分けを行なうことが重要です。

横軸は、「特定の用途だけでなく、幅広い用途に転用できるか？」です。右には、幅広い用途に転用できる項目とその金額、左には転用し利用することが難しい項目とその金額を記載します。ここでも、実態に即した費用項目の分解、振り分けを心がけてください。

88ページに、間接経費の項目の1つである旅費交通費と、労務費（特定の部署で発生する主要業務内容）のマッピングの一例を掲載しています（金額は省略）。これを参考にしながら、あなたの会社や事業のコストについてもマッピングしてみましょう。

なお、労務費の性質を分析するときには注意が必要です。労務費の性質を分析する際は、その業務自体の特性と、その業務に携わっている社員自体の特性のどちらでも分類することができるからです。ここでは、業務自体の特性で分析することをおすすめします。

例えば、出荷手続き業務は本来、売上の増減に合わせて、業務量がある程度増減します。しかし固定的な業務プロセスで出荷手続きを行なっていれば、売上の増減にかかわらず固定的な業務が発生してしまいます。また特殊な専用システムを使っていれば、その業務プロセスやシステムを他業務へ転用することは難しくなります。

一方、月次の報告業務は、売上の増減に合わせて利用を増減させることはできないでしょう。しかし、報告業務のやり方は汎用性が高いため、業務の転用は可能でしょう。

ここで、実際の担当者のスキルについては、考慮する必要はありません。

こうした分類を通じ、自らの事業や組織がどういった性質のコストにどのくらいの割合の金額をかけているか、全体像を明確にすることができます。

[Work] コスト構造を２軸・４象限にマッピングする

例示

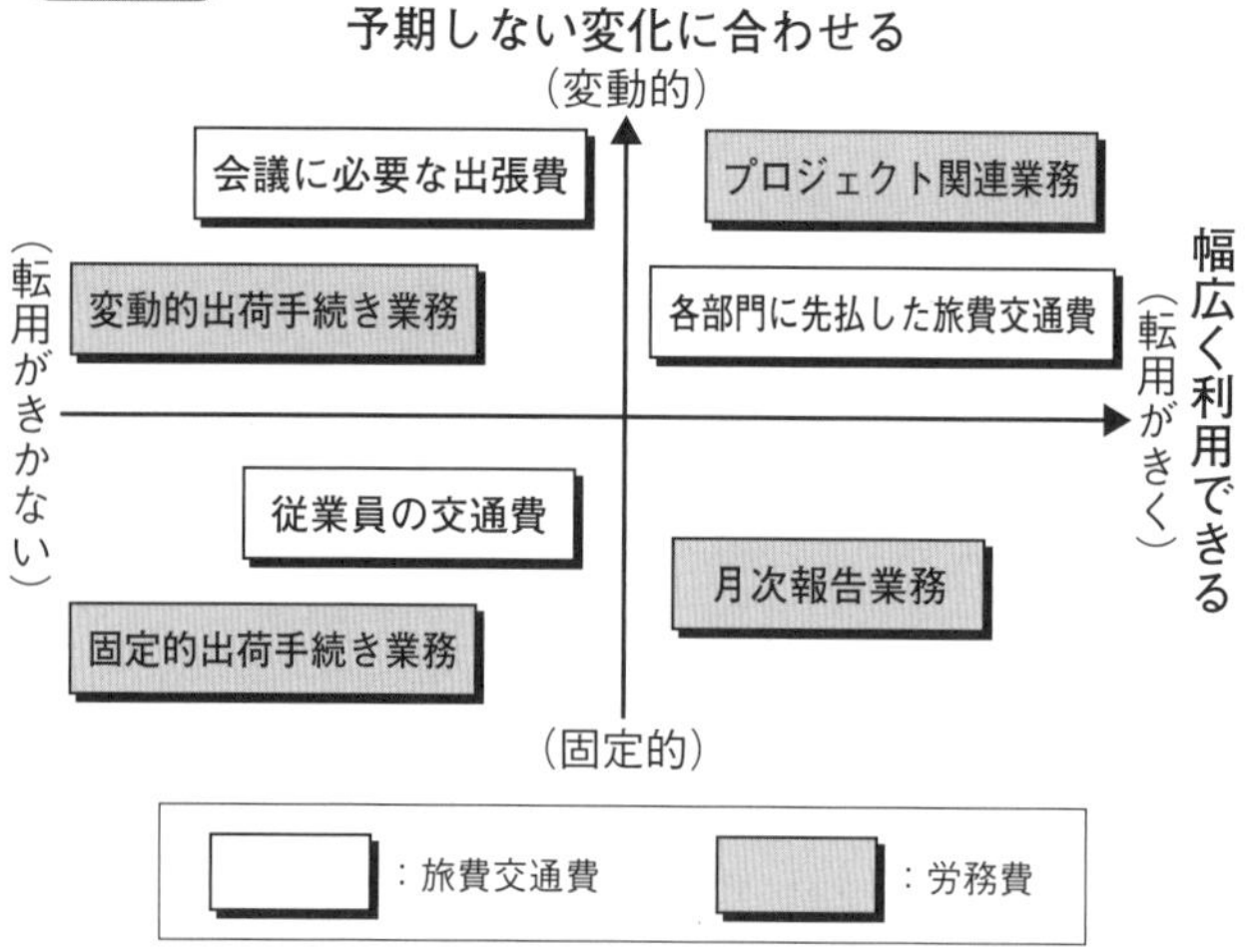

ワーク

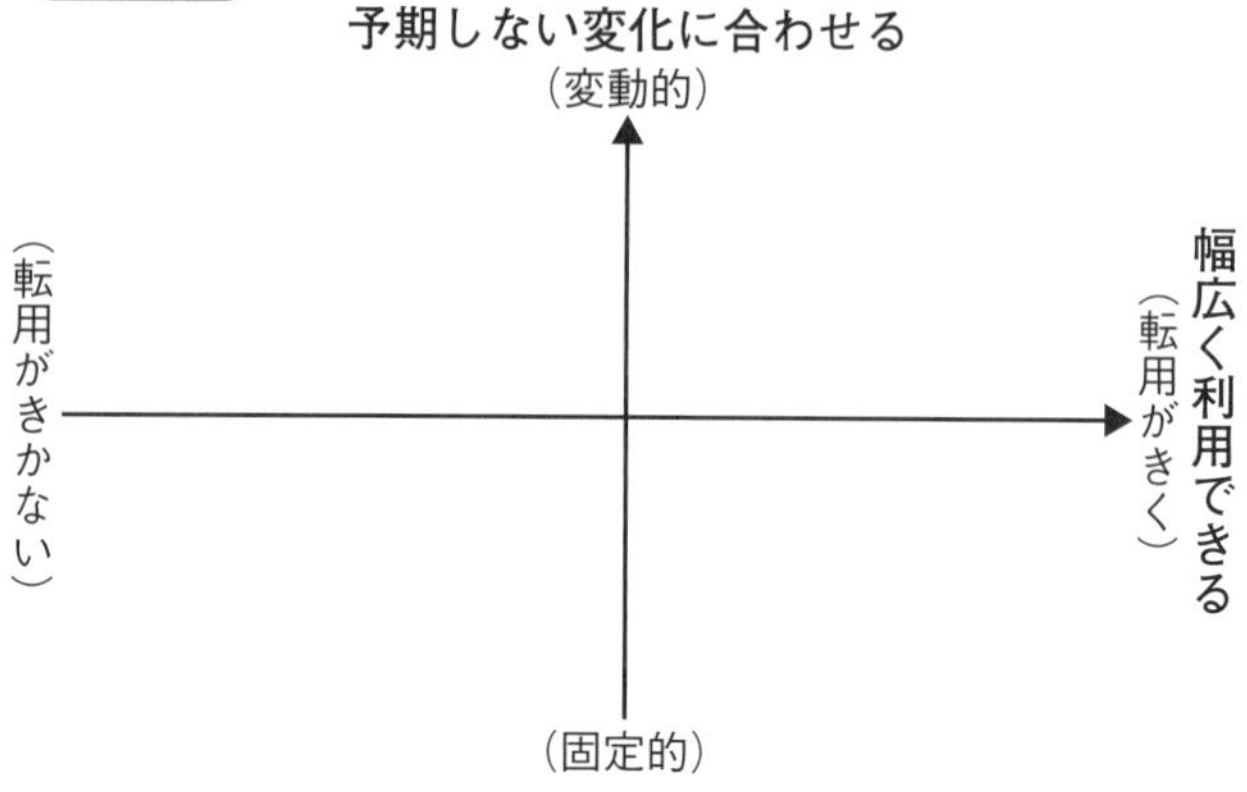

コスト構造の変革シナリオをつくる

▼4象限マップでコスト構造を変えていくための方向性を明らかにする

このように、「2軸・4象限」で費用を分類すると、事業や組織のコスト構造の特徴が明らかになります。

固定的なコストの占める割合がどのくらい高いのか、転用できないコストの割合がどのくらい高いのか、コストの全体像を定量的に可視化できます。

もっとも望ましいコスト構造は、変動的で転用可能なコスト（資産・価値）を多く抱えることです。これができていれば、市場の変化に迅速に対応でき、かつ危機や事業環境の変化にも柔軟に対応できるコスト体質を構築していると言えます。

一方、企業のコスト体質で浮かび上がる課題としては、固定的であり、かつ他に転用がきかないコストを多く抱えているケースです。

実際のところ多くの企業は、固定的な要素が強く、転用がきかないコストを多く抱えて苦しんでいます。そのため、こうした説明をすると、経営トップたちからは必ず次のような反論があります。

「固定的なコストが多いことは、自社の事業特性だから仕方がない」
「自分たちの業務は、他と比べて専門性が高く特殊だから、転用化は難しい」

しかし、このような発言をする経営トップは、自らの仕事を放棄しているとしか言いようがありません。なぜなら、不利な事業特性を持つ事業をやり続ける必要も、特殊な業務をやり続ける必要も本来はないからです。

また、同じような事業特性を持った業界の企業の中でも、変化に対応できるコスト構造をつくり上げている企業とそうでない企業が存在します。こうした事実を無視して、環境や事業特性・業務性質のせいだと言ってしまっては、元も子もありません。

また、せっかくコストを可視化しても、そのあとに何も手を打たないのであれば、可視

■4象限マップを使って変革シナリオをつくる

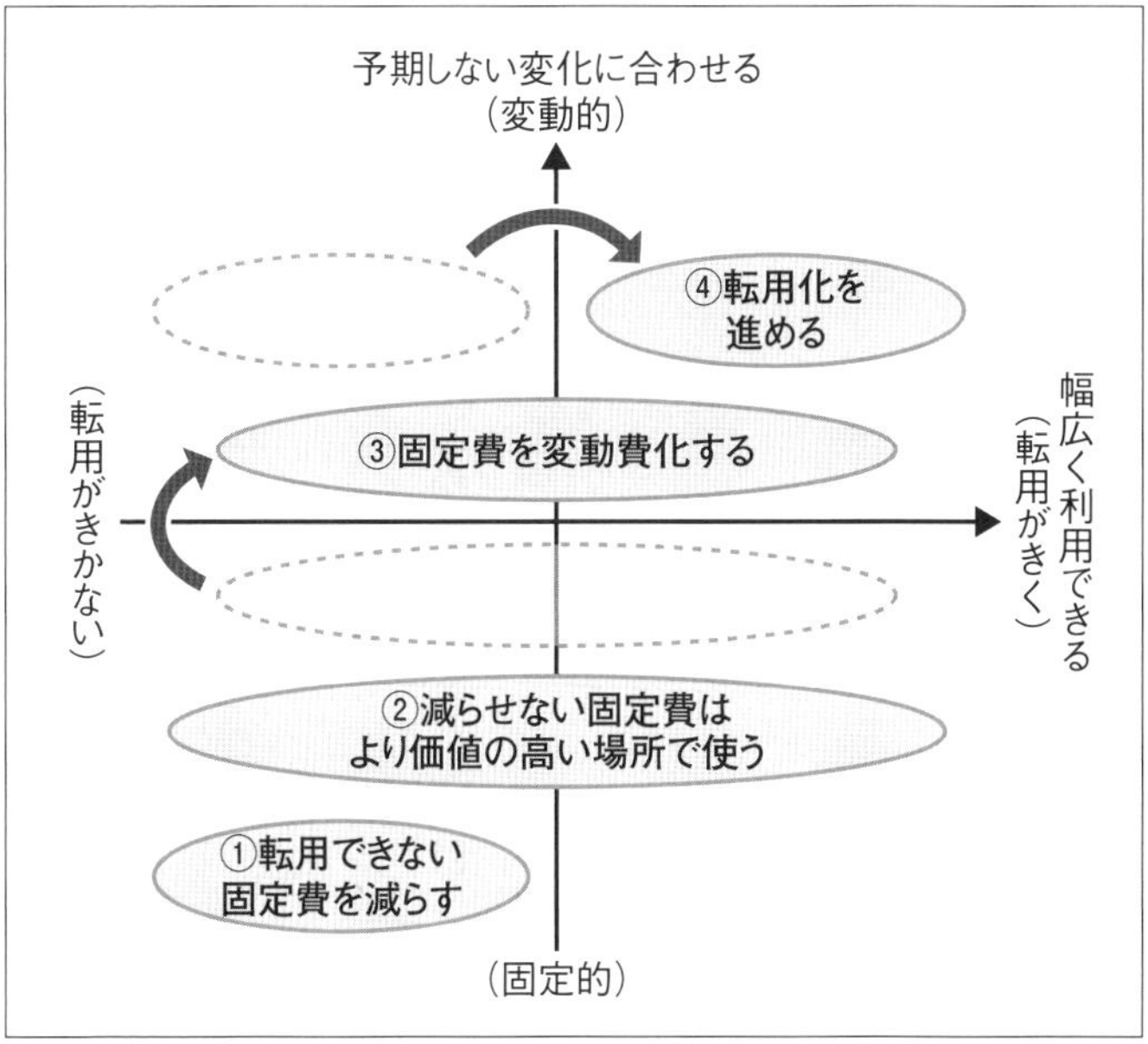

化するだけ時間の無駄です。

そこで、上の図のように4象限マップを使ってコスト構造の変革シナリオをつくれば、コスト構造を具体的に変えていくための方向性が明らかになります。

それでは、①転用できない固定費を減らす、②減らせない固定費はより価値の高い場所で使う、③固定費を変動費化する、④転用化を進める、の4つの変革シナリオについて具体的に見ていきましょう。

コスト構造の変革シナリオ①

転用できない固定費を減らす

▼価値ベースで固定的な業務を絞り込む

まずは、労務費についてです。

労務費を価値ベースで最適化するために重要なことは、**固定的で転用がきかない業務に、できる限りコストをかけないようにする**ことです。

つまり、固定的な業務を減らすということです。そうすれば、結果的に固定的で転用がきかない業務に携わる人を減らすことができ、人材活用の側面から見ても極めて有効な打ち手となります。

なぜなら、日本では、固定的で転用のきかない業務しかできない社員が増加し、その労務費が経営を圧迫しているからです。

こうした社員のことを経営トップは疎ましく思っているかもしれませんが、彼らを生み出したのはほかならぬ会社であり、経営トップなのです。

固定的で転用がきかない業務を「会社にとって重要だから」と遂行し続けた結果、いまの状況を生み出してしまったわけです。本来、社員は固定的で転用のきかない業務ではなく、様々な業務をするだけの潜在能力を持っています。

固定的で転用がきかない業務を減らす、あるいは、なくすためには、価値とコストが見合っているかを可視化してチェックし、そのうえで、価値に見合わない業務を抜本的になくしていくしかありません。このことを実行に移すためには、**業務のコストレートとチャージレートを可視化する**ことが有効です。

ここで、コストレートとは、時間あたりに発生する人的コスト（費用）のことです。すなわち、時間あたりの業務に対して支払われる給与を示しています。

一方、チャージレートとは、時間あたりに顧客に対し請求する金額（売価）のことです。すなわち、時間あたりの顧客へ提供した価値に対して、顧客にお金をいくら請求できるかを示しています。

コストレートは、給与を労働時間で割れば簡単に求められます。

例えば、年間の給与が５００万円、年間の総労働時間が２０００時間だとすると、時間あたりのコストレートは、「５００万円 ÷ ２０００時間 ＝ ２５００円／時間」になります。

また、チャージレートからコストレートを引いた残りが、時間あたりに生み出された付加価値ということになります。

すべての業務は、その業務によって恩恵を受ける顧客に対し提供され、付加価値を生み出すために行なわれているはずです。この付加価値を意識することで、業務を抜本的に変革し、コスト構造を変えていくことができるのです。

コンサルティング会社やサービス提供型の企業においては、こうした概念は一般的だと言えます。しかし、その他の企業においては、労務費というコストを普段意識する機会があまりにも少ないと私は感じています。

なぜ、労務費を意識する機会が少ないのかと言えば、業務が生み出す価値を重視してこなかったからにほかなりません。

業務のコストレートが設定できれば、業務全体にかかる総コストはコストレートに総業務時間を乗じて求められます。固定的で転用がきかない業務を抽出したうえで、その業務にかかっている総コストがいくらかを概算できるのです。

付加価値の低い固定的な業務を減らすためには、まず業務をコストベースに落とし込んでみることです。それにより、普段行なっている業務にどれだけの膨大な費用がかかっているかを改めて理解することができます。

▼固定的な繰り返し型業務には、「慣性の法則」が働く

続いて、コストレートに、時間あたりに生み出したい付加価値を足して、チャージレートを設定します。具体的に、コストレートに対して、どの程度の付加価値を上乗せするかは会社の状況次第ですが、コストレートの20%くらいの付加価値を生み出すべきだ、というのが私の考えです（次ページの図を参照）。

固定的で転用のきかないコストは、会社が変化していくためには邪魔になるコストです。それでも必要だというのであれば、20%くらいの付加価値を生み出すべきです。

「それだけの金額（コスト）をかけて行なうべき業務なのか？」「それだけの価値がある業務なのか？」を改めて見直し、もし金額に見合うだけの価値がない業務だと思えば、コストを減らす、もしくはなくすことを経営トップは考えなければいけません。

■チャージレートとコストレートの関係性

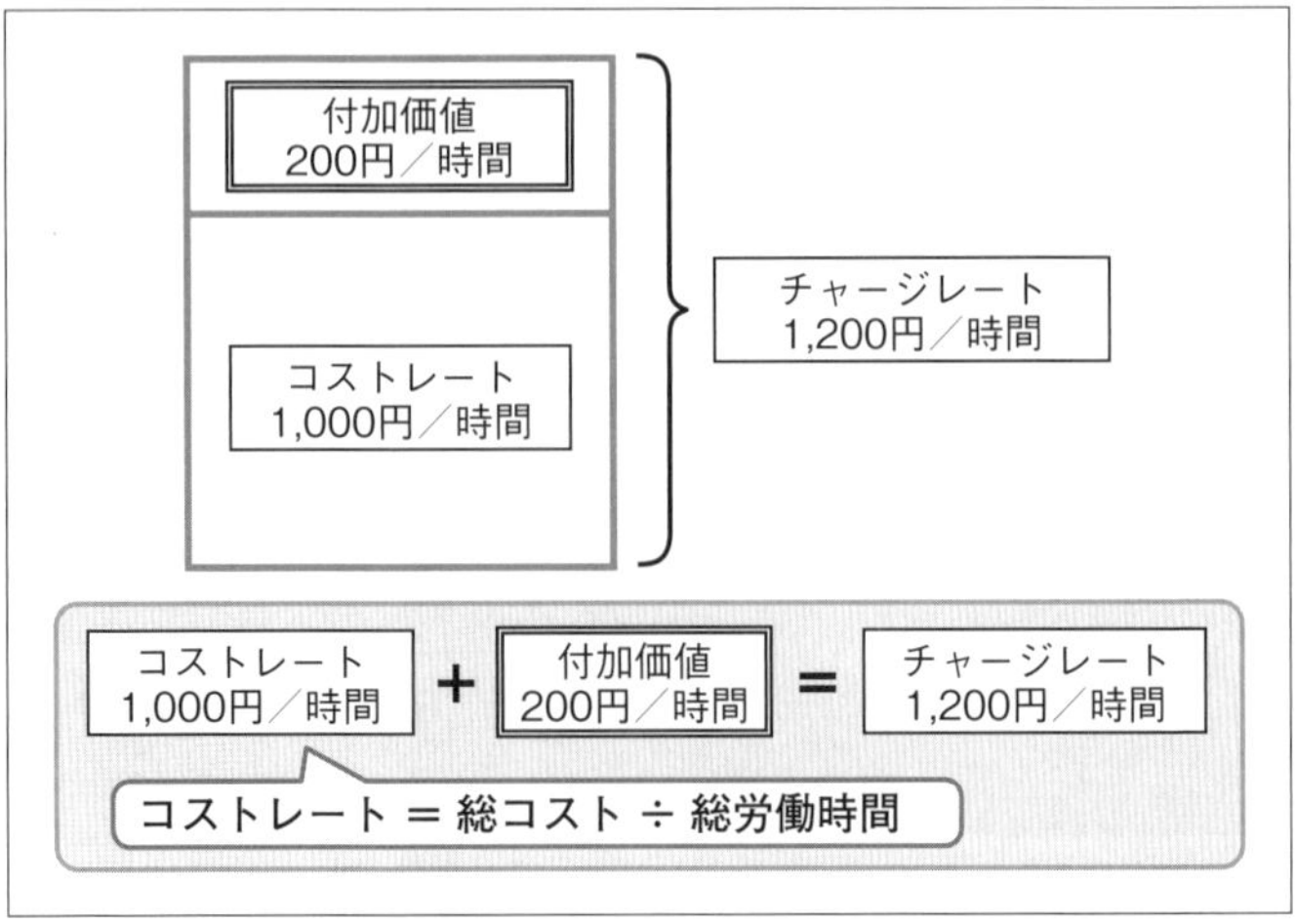

その場合、その業務に携わっていた人には別の業務に移ってもらうことになります。

会社の労務費自体はすぐには減りませんが、余分な固定的なコストは減らすことができます。より重要なことは、固定的で転用のきかない業務に、会社としてどれだけのコストをかけているのかを可視化して、コストを全員が強く意識することです。

固定的な繰り返し型業務には、いわゆる「慣性の法則」が働きます。

慣性の法則とは、ニュートンの運動の法則の1つですが、「ひとたび動き出したものは、そのままの運動を保持しようとする」というものです。

企業における業務の多くは、何もしなけれ

ばそのまま惰性的に行なわれていきます。

その動きに力を加えるものが、コストの可視化とチャージレートの設定なのです。

こうした打ち手を行なっている企業は、固定的なコストを減らすことに成功しているわけです。しかし多くの企業は、いまだに付加価値（チャージレート）を意識せずにコストレートをベースに業務を進めているか、コストレートさえも意識していないのです。

ケーススタディ

出荷手続き業務のコストレートとチャージレート

様々な商品の出荷手続きに関わる業務を考えてみます。商品の価格の高低にかかわらず、出荷手続きを行なうためには同じような工数・業務が発生することが一般的です。また、出荷手続き業務を行なう頻度が増えれば（例えば週1回から週2回に増えれば）、発生する工数・業務も増え、コストレート（時間あたりに業務にかかる金額）も増えていきます。

このようにコストレートで業務をとらえれば、業務を行なう頻度（受発注頻度）や回数に応じてコストが増えていくことが認識できるわけです。

しかし、売上が1億円の商品にかけるコストと、売上が1000万円しかない商品にかけるコストが同じであれば、当然のことながら1000万円の売上のために行なわれる業務から生み出される付加価値は小さくなります。なぜなら、顧客に対し請求できるチャージレートは、売上1000万円の商品のほうが圧倒的に小さいからです。

チャージレートをベースに業務をとらえるならば、売上1億円の商品の出荷手続き業務よりも、売上1000万円の商品の出荷手続き業務のコストのほうが小さくならなければなりません。そうするために、売上1000万円の商品の出荷手続き業務を見直す必要があります。

この場合、出荷手続きのやり方を、工数や時間のかからないプロセスに抜本的に変更したり、出荷の頻度自体を減らしたりするなどの打ち手を進めることになります。

▼客観的なコストオーナーを置く

固定的で転用のきかないコストを抑えるためのもう1つの有効な方策は、コストの価値を判断する、客観的な第三者を設定することです。この客観的な第三者を、「コストオーナー」と呼びます。コストオーナーの設定は、主に固定的で転用のきかない間接費に対して有効です。間接費は通常、そのコストを利用する側で予算がつくられ、実際の支払いがなされるからです。

ケーススタディ

旅費交通費の検討

間接費である旅費交通費について考えてみましょう。

実際に部員がよく出張をする部署では、1年間に想定される出張の回数と出張場所をもとに予算が決められます。そのうえで、個々の出張については、出張を行なう本人もしくはその上司が必要かどうかをその都度判断し、必要な場合に規定で定められた出張経費が支払われます。

これは、コストを支出・支払いベースでとらえる場合にはあたり前でしたが、これからはコストを価値ベースでとらえていかなければなりません。

つまり、出張によって生み出される価値によって、出張経費をとらえていくことが重要になるのです。

この例で言えば、出張には必ず目的があるはずです。出張経費というコストの裏には、目的を達成することによって生み出される価値があります。これは、前で触れたチャージレートの概念です。このコストに対する価値が適切なのかを、コストオーナー（客観的な第三者）によって判断してもらうようにするのです。ここでのコストオーナーは、出張で得られる価値（出張の目的）を社内で共有している他部署のマネジャーや、部門全体のお金の流れを管理している財務・管理部のメンバーなどが効果的です。

生み出す価値をベースに考えた場合、出張経費はいくらくらいが適切なのかをコストオーナーが客観的に考え、予算を定めます。その予算の範囲で、各部署は最適な出張経費の使い方を考えるのです。

もし、コストオーナーが定めた以上の出張経費が必要なのであれば、その出張が生み出す価値がコストオーナーの見立てよりも大きいことを説明し、納得してもらう必要があります。

もし、説明がうまくできなければ、長年同じような業務を繰り返し行なうなかで経費が固定化し、妥当ではない金額になっている可能性があります。

こうした取り組みを通じ、出張する側は、出張の目的や価値をより意識することができます。コストオーナー側も、出張により生み出される価値や出張の意義をより深く理解することができるので、お互いにとってメリットが生まれるのです。

ケーススタディ

広告宣伝費の検討

代表的な間接費である広告宣伝費についても、広告宣伝が生み出す価値（目的）に関連する事業部門、宣伝・マーケティング部門、財務・管理部門といった関係者の中でコストオーナーを定め、生み出す価値をベースに用途や金額を定めるプロセスを取り入れることで、コスト構造を大きく転換していくことができます。

具体的には、広告宣伝を行なおうとする部門には、広告宣伝により生み出す価値に対し、費用が適切かどうかを明確に説明する「説明責任」を求めます。一方のコストオーナー側には、その費用の妥当性を検証する「検証責任」を負わせるのです。

こうすることで、価値を意識した議論が行なわれるようになり、固定的で無駄なコストを減らしていくことができます。

間接費は、収益を生み出す活動に直接関係しないコストであるため、放っておくと価値の概念が希薄になりがちです。

しかし、コスト構造を抜本的に変えていくためには、こうした間接費の妥当性を検証して最適化する仕組み・仕掛けを継続的に取り入れていかなければなりません。

コスト構造の変革シナリオ②
減らせない固定費はより価値の高い場所で使う

▼固定的なコストは徹底的に新しいことに振り向ける

企業の労務費を、ビジネスの実態に合わせて最適化することは重要です。また、変動費化を進めることができれば、変化に対応しやすくなることに疑いはありません。

しかし、労務費はその性質上、固定的な要素が強いことも事実です。したがって、固定的な労務費をどのように活用していけばよいかは、コスト構造を考えるうえで極めて重要となります。

そのために、コストを価値ベースで再定義することはこれまでも述べてきました。

固定的なコストを価値ベースでとらえる際に重要なポイントは、「**将来的に価値をより多く生み出す可能性のある領域にシフトさせていく**」ことです。

コストが生み出す価値は、すぐに効果として表われるものもあれば、時間がかかるものもあります。固定的な労務費は、たとえ時間がかかっても、大きな価値を生み出す可能性のある領域にできる限りシフトさせていく必要があります。

具体的には、新しい事業やサービスを生み出すための活動・業務に社員のリソース※を徹底的に振り向けるのです。

私たちは、目の前にある通常業務を行なうことをどうしても優先しがちです。目の前の業務を行なうことで、価値もすぐに生み出すことができるためです。

しかし、そうした業務は、慣性の法則により、繰り返し行なうことがいつしかあたり前となっていきます。また、業務のやり方も自然と細かくなっていくため、その業務量は徐々に増えていきます。

こうして固定的な業務は、行なうこと自体が目的化し、業務量もどんどん増えていきます。

一方、新規事業・サービスを生み出すための活動は、新しい業務ですから、当然ながら最初の業務量はそれほど多くはありません。価値がすぐに生み出せるわけではないので、目の前にある既存の通常業務ほど優先度も高くはないでしょう。その結果、ほとんどの場合、既存の固定的な通常業務を優先して行なうようになり、新しい業務に時間を割くこと

※リソース

業務を行なう際の資源全般。能力、時間、資金、資産など

ができません。

しかし、既存の通常業務を繰り返し行なっても、生み出せる価値は限定的です。一方、新しい事業やサービスを生み出すための業務は、すぐには価値につながらなくても、長い目で見ると大きな価値を生み出す可能性を秘めています。どうせ固定的に発生するコストであれば、より価値を生み出す可能性のあるものに振り向けたほうが、企業にとっては確実にメリットがあります。

新しいものを生み出すことにコストを振り向けることは、社員の側にもメリットをもたらします。

固定化している既存の業務を行なっている社員は、モチベーションが低くなりがちです。その傾向は、特に若い社員には顕著です。そのため、徹底的に新しい業務にシフトを進めることで、社員のモチベーションを高めることができます。さらに、新しい領域では、これまで経験していないことを行なう必要があるため、社員のスキル育成にもつながりやすいといえます。

このように、経営トップが業務の振り向け先を意識して変えることができれば、コスト構造はより価値ベースにシフトさせることができるのです。

ケーススタディ

既存事業か？　新規事業か？

既存事業の売上の伸びや事業の成長が鈍化すると、何とか成長を維持しようと、既存の顧客に対するサポートを必要以上に手厚くしたり、売上規模が既存（いま）の顧客よりも小さい新規顧客の開拓に精を出したりするようになります。

そのほうが、短期的には追加の収益（付加価値）が見込めるためです。しかし、こうした活動による効果は限定的で、営業効率も悪くなります。このように成長が鈍化してきても同じことを繰り返していると、付加価値を生み出さない固定的なコストが発生し続けるようになっていきます。

それよりも、まったく新しいビジネスの調査を進めたり、新しいビジネスを行なうために必要となるスキルの習得に努めたり、既存の顧客に対し新しい価値を提供するサービスを試行してみたりするほうが、コストの使い方としては明らかに有益です。短期的な収益は見込めませんが、将来的な価値を生み出す可能性は高まりますし、何よりも人材の価値を高めることにつながるからです。

コスト構造の変革シナリオ③
固定費を変動費化する

▼共通コストはプール型からプラットフォーム型へ

コスト構造を抜本的に変えていくためには、**これまで良いと思ってやっていたことを見直す**ことも重要です。

いつしか無駄を生み出している課題にいち早く気づき、その課題を解決すべく変革を実行に移す力は、これからの経営トップにとってはコアとなるスキルだからです。

無駄を生み出している課題の代表例が、社内の共通コストです。

共通コストとは、複数の事業や組織で行なわれている共通的な業務を、一箇所に集約して行なう、固定的な業務のコストを指しています。

具体的には、社内の経理や人事業務を担当するシェアード部門や事務処理部門、研究部門などで行なわれる業務が共通コストに該当します。

共通コストを持つことは、これまで業務を効率的に行なうためには必須でした。なぜなら、それぞれの事業や部署が別々に固定的なコストを抱えるよりも、一箇所に集約させたほうが規模の経済も働き、効率的だからです。実際、共通的な業務を担う部門や共通コストは、すべての会社にほぼ例外なく存在しています。

共通コストが効果を発揮し、メリットを生み出すのは次のような場合が考えられます。シェアード部門へ依頼する業務量が、シェアード部門の人員・請負体制に見合っている場合と、依頼する業務量が多く、シェアード部門のニーズが高い場合です。

一方で、依頼する業務の量が少ない場合には、弊害が生まれます。シェアード部門の稼働率が低下するため、共通コストは固定費としての特性を強め、企業全体にとって大きな負担となるのです。このような事態は、特に大企業においては至るところで発生しています。

これからは、売上が減少することを前提としたコスト構造を考え、共通コストのあり方を抜本的に見直していく必要があります。**共通コストは、変動費化でき転用先が広くなければ、価値がなくなる**のです。

具体的には、シェアード部門の業務の発生を**プール型からプラットフォーム型のマッチ**

ングの仕組みに変える、つまりシェアード部門が下請け的に業務を引き受けるのではなく、プロフェッショナルとして独立して業務を遂行する仕組みに変えていくことが必要です。

まずシェアード部門（業務を引き受け提供する側）については、できること（提供業務）を可能な限り細かく設定して可視化します。こうすることで、マッチングの確度を高めることができます。また、どの業務にどれだけのニーズがあるのかを具体的かつ明確にすることができ、無駄な共通コストを結果的に減らしていくことができます。

同時に、利用部門（業務を依頼する側）については、可能な限り対象範囲（依頼する業務）を広げる、すなわちシェアード部門が担える業務量を増やすことです。そうすれば、売上の増減などビジネスの変化の影響を受けにくくすることができます。

大企業におけるシェアード部門・組織のありようは大きな曲がり角を迎えています。これまでのように、利用部門が業務の下請け的な位置づけでシェアード部門に業務を依頼し、共通コストを発生させていては、今後は高い付加価値を提供していくことは難しいでしょう。

ある企業Aでは、シェアード部門の業務の発生（共通コストの発生）を前述のプール型からプラットフォーム型に切り替えていくために、シェアード部門で受託していた業務全体の棚卸を行ない、業務の中身を種類ごとに類型化しました。

そのうえで、類型化した業務ごとに、業務プロセスの高度化・効率化を進めるために、どのような変革が必要かを考え、プロセスの変革・標準化提案を利用部門（業務を依頼する側）に対して行ないました。

業務プロセスが変われば、利用部門の業務プロセスにも影響が及ぶため、すべての提案が受け入れられたわけではありません。しかし、こうした取り組みを通じて業務の高度化・標準化が進み、共通コストのマッチング、つまりシェアード部門の業務受託のプラットフォーム化が浸透し始め、コスト削減につながりました。

それ以上に有益だったのは、利用部門とシェアード部門双方の意識変革が進んだことです。利用部門がシェアード部門にコストを支払い、業務を委託する、という関係から、標準化を通じ業務の変動費化を進め、無駄な固定費を減らしていこうという機運が、会社全体に生まれました。

こうした変革を推進する音頭を取ることこそ、これからの経営トップには求められているのです。その際、様々なデジタルツールやテクノロジーを活用し、利用部門とシェアード部門をつなぐ仕組みを整備すれば、これまで以上にコストを柔軟にコントロールするこ

■シェアード部門の業務体制の変革

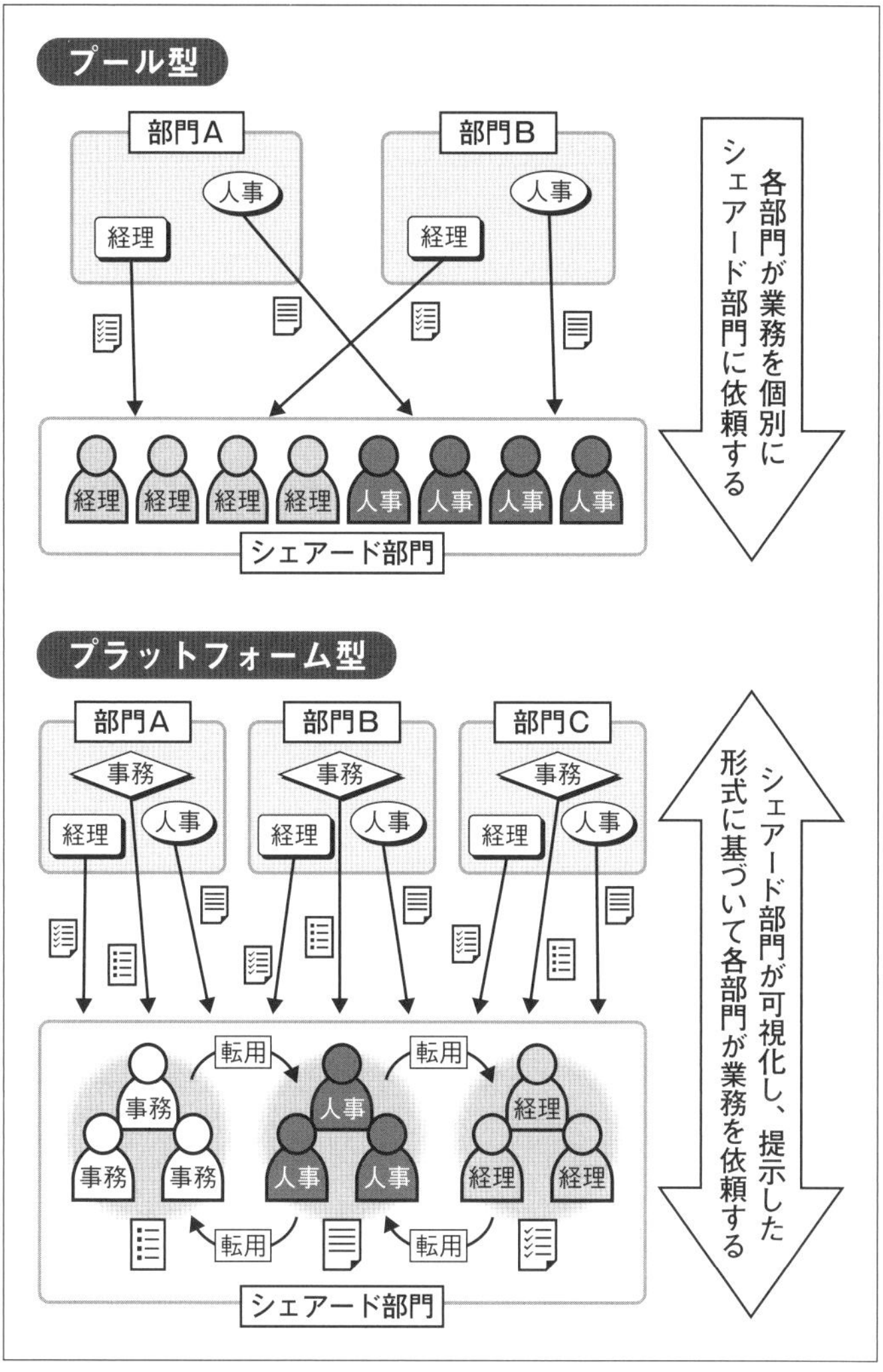

とができ、変化に対応しやすくなります。

こうした取り組みをうまく機能させるためには、従来の組織の枠組みや管理単位とは切り離して、業務や活動を推進する組織やプロジェクトチームを立ち上げることが必要になります。

また、共通コストのマッチングが幅広く行なわれるように、シェアード部門における評価等の仕組みも新たに整えていく必要があります。

簡単なことではありませんが、ＶＵＣＡ時代の変化に対応するためには、共通コストの抜本的な転換が必要なのです。

コスト構造の変革シナリオ④
転用化を進める

▼異質のパートナーとリソースをシェアする

前節のように社内業務を幅広くシェアすることをさらに推し進めるのに加えて、外部パートナーとリソースをシェアすることも検討すべきです。

労務費のみならず、間接費や直接費などの幅広いコストを対象に、リソースを共通化することが、これからのコスト構造を考えるうえでは不可欠となります。

こうした取り組みは、すでに一部の業界や企業では行なわれています。

例えば、自動車メーカーにおける部材などの共同購買や、ビールメーカーにおける物流・配送の共通化などは、企業の枠を超えて実施されています。

これらの取り組みは、規模の経済をきかせることで調達価格を引き下げ、また効率化を図ってトータルコストを削減するために行なわれています。

また、コロナショックを受けて、企業の枠を超えた従業員のシェアリングも行なわれるようになっています。

こうした取り組みはもちろん有効ですが、不確実で先の見えないVUCAの時代においては、さらに一歩踏み込んだ取り組みが必要です。

それは、**自分たちとは異なる業界の、異質のパートナーとリソースをシェアする**ことです。

なぜ、異質のパートナーであることが重要なのでしょうか。

異質のパートナーとリソースをシェアすることのメリットは3つあります。

① 転用先が広がることでコストをより変動費化でき、かつ転用化も進めやすくなる
② 需要の波を平準化できる
③ 業務プロセスをはじめとした企業の仕組みの標準化が進めやすくなる

1つ目は、転用先が広がり、それによってコストをより変動費化でき、かつ転用化も進めやすくなることです。シェアリングビジネスにおいて、利用者が広がれば広がるほど、プラットフォームの価値が高まることは明らかでしょう。

ここからが重要です。

2つ目のメリットは、需要の波を平準化できることです。

需要の波や売上の増減にもっとも大きな影響を与えるのは、市場環境の変化です。市場環境が良ければ、関連する企業は業績を伸ばすことができます。逆に市場環境が悪化すれば、企業の業績は悪化します。これは、同じ業界に属する企業は、比較的同じような業績の動き方をすることからも明らかです。

売上や需要の減少に対応するためには、需要の波や売上の波が自社とは異なるパートナー、すなわち異質なパートナーと組んだほうが需要の増減を平準化することができ、効果的です。

これは、株式における分散投資の考え方と通じるものがあります。

同じ業種の似たような企業の株式ばかりを購入すると、株価が上がるときはすべて上がり、株価が下がるときはすべて下がるため、振れ幅は大きくなります。

一方、様々な業界の企業の株式を購入するようにすれば、リスクは分散し振れ幅を小さくできます。

そして、3つ目のメリットは、業務プロセスをはじめとした企業の仕組みの標準化が進めやすくなることです。

企業内でのシェアや同業の似たような企業間でのシェアであれば、標準化がそれほど進んでいなくても取引が成立します。共通の前提や業界慣習、ルールといった暗黙知が存在するからです。

しかし、これからの変化の時代では、ビジネスのやり方も複雑になり、様々な業界が入り乱れてビジネスを展開することになります。

これまでの共通の前提や慣習、ルールはもう役に立ちません。そうなると、様々なことを明文化して標準化し、わかりやすく相手に伝えていくことが必要になります。

異質なパートナーとリソースをシェアすることは、そうした取り組みを進める絶好のきっかけとなるのです。

ケーススタディ

シェアオフィスのメリット

近年、企業が保有する施設やオフィススペースを、他の企業の社員にも開放する動きが進んでいます。この動きを後押しするように、企業が有する施設・オフィススペースを企業間でシェアできる、シェアオフィスが生まれています。こうした動きは、まさに異質のパートナーと社内リソースをシェアする好例です。

また、異業種企業同士で、お互いの人材を出向という形態で一定期間交換する動きも高まっています。まったく異なるスキルを持った人材を受け入れることで、新しい化学反応を誘発し、イノベーションが起こることを期待しているのです。

従来であれば、企業の機密保持等の観点から、こうした動きはなかなか進みませんでしたが、今後はこうした動きが加速していくだろうと私は見ています。

■コスト構造を変える打ち手

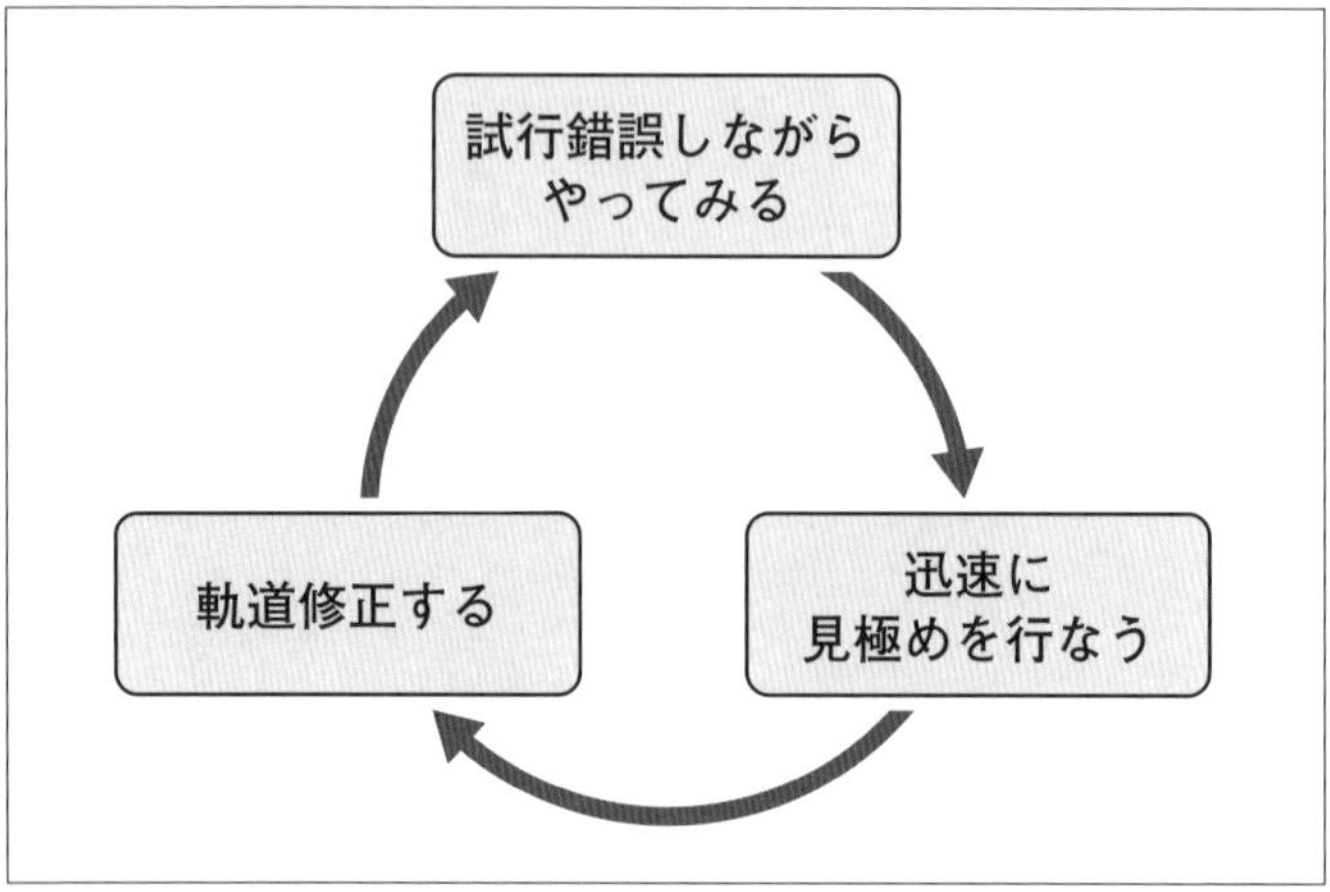

▼転用化を試行できる仕組みを整備する

労務費をはじめとしたコストの転用化を進めることは、これからの企業のオペレーションにおいて不可欠です。

すべてのコストを、転用化を前提に設計することができれば、変化に対応できる柔軟なコスト構造をつくり上げることができます。

とはいえ、いきなり転用化がうまくいくわけではありません。社員の業務にしても、資産や設備にしても、幅広く活用できるようにするためには、試行錯誤が必要です。

「どうせうまくいかない」と考えて何もしなければ、いつまでも変わることはできません。何もしなければ、間違いなくこれから生き抜くことはできないため、困難でも前に進むしかないのです。

よって、最初はうまくいかないことを前提に、まずは試してみることができる仕組みを整備することが、変革を進めるためには必要です。

前ページの図のようなサイクルを実現できる業務プロセスや組織体制、意思決定のプロセスを整備し、全員で共有できるようにすることが重要となります。

「アジャイル」という言葉は、最近はビジネスの世界ではバズワードにさえなっていますが、コスト構造変革においてもアジャイルなプロセスと仕組みをつくり上げることが肝要です。

そして、うまくいかなければすぐにあきらめるのではなく、うまくいくように繰り返し軌道修正することが重要なのです。

例えば、業務の詳細定義、価値の明確化、仕様の詳細化、といったことを掘り下げて行なうことや、社員教育をしっかりと実施することで、コストの転用化を実現することができるのです。

第2章 まとめ

「コスト構造」を変革する

☑ コスト構造を見直し利益を確保する
- 「計画どおりに進む」「売上が安定的に増える」は幻想
- コスト構造を実際の性質によってとらえる

☑ 3つのコスト構造を理解する
- 固定費と変動費（売上の増減との関係性）
- 直接費と間接費（収益を生む活動との関係性）
- OPEX と CAPEX（会社の資産価値向上との関係性）

☑ アクションにつながるようにコストを分類する
- 会計上の分類ではなく本質的な性質でとらえる
- アクションを取る単位で可視化する

☑ コスト構造を「利用ベース」「価値ベース」でマッピングする
- 予期しない変化に合わせて利用を増減できるか
- 特定の用途に限らず幅広い用途に転用できるか

☑ コスト構造の変革シナリオ
- 転用できない固定費を減らす
- 減らせない固定費はより価値の高いところで使う
- 固定費を変動費化する
- コストの転用化を進める

☑ 柔軟なコスト構造をつくり上げる
- うまくいかなくても軌道修正できる構造をつくる
- 利用の増減と転用化を前提にコストを設計する

第3章

人材の提供価値を変える

変革する戦略②「ヒト」の変革

「ダイナミック・ケイパビリティ」を追求する

▼変われる能力が重要になっている

企業や組織を取り巻く事業環境は大きく変化しています。

変化する環境を迅速かつ的確にとらえて継続的に収益を上げていくためには、企業はつねにビジネスモデルを変化させ、競合他社と戦いながら、新しい収益を生み出していく必要があります。

企業がビジネスモデルを変えるのは、表面的に見ると儲け方を変えるためです。

「売り切り型ビジネス※（フロー型ビジネス）」から、近年話題となっている「サブスクリプション型ビジネス（ストック型ビジネス）」への移行は、その代表でしょう。

「サブスクリプション型ビジネス」とは、顧客がモノを購入し、「所有」に対してお金を

※売り切り型ビジネス

商品やサービスを売って、顧客から支払いを受けて完結するビジネス

支払うのではなく、モノを購入せず「継続的な利用」に対してお金を支払うモデルのことを指しています。多くの企業が取り組んでいるものの、なかなかうまく進まないケースも多く見られます。

儲け方を変えて新たな収益を得るためには、本質的には**「企業や組織が提供できる価値」を変化させる**必要があります。

つまり、ビジネスモデルの変革を行なって、顧客に新しい付加価値を提供することで、はじめて新たな収益を獲得することができるのです。

そこで、企業や組織が提供する価値を変えていくために重要となるのが、「ケイパビリティ」です。ケイパビリティは、ビジネス現場ではよく使われる言葉ですが、「**企業が有するリソースを組み合わせて活用する組織能力**」のことを指しています。

企業間の激しい競争に打ち勝ち収益を拡大していくためには、差別化できるケイパビリティを構築することが重要です。

ケイパビリティを最大限活用していくことは、競争戦略※の基本中の基本だからです。

※競争戦略
企業が同業他社とは異なる優位性をもとに、業界において有利なポジションを確保する戦略

▼「ダイナミック・ケイパビリティ」が変革の鍵

近年、注目を浴びているのが「ダイナミック・ケイパビリティ※」です。

従来のケイパビリティが、「競争優位の構築やオペレーションの高度化を行なうための組織能力」を重視していたのに対し、ダイナミック・ケイパビリティは「**企業が変化するための組織能力**」を重視しているという特徴があります。

環境変化に対応するためには、企業や組織が変化し転換していくための能力（ケイパビリティ）そのものが重要であることを、ダイナミック・ケイパビリティの理論は示しているのです。

言い換えると、すばやく変化できること自体が能力であり、そうしたケイパビリティを企業や組織が身につけ、提供価値をつねに変化させていくことが、他社との競争に打ち勝つために重要となっています。変化できるケイパビリティを構築し強化することに、経営トップはこれから特に力を注いでいく必要があるのです。

※ダイナミック・ケイパビリティ

カリフォルニア大学のデビット・J・ティース教授らが提唱したもの。企業が環境の変化に対応するために、資源ベースの形成・再形成・配置・再配置を実現していく能力

■ケイパビリティの構成要素の式

ケイパビリティ（組織能力）＝ 社員個人のパフォーマンスの総和 × パフォーマンスを高める仕組み

▼ケイパビリティを可視化する

多くの経営トップにとって、ケイパビリティが重要であることは認識していても、自社のケイパビリティが何か、ケイパビリティを掘り下げて考える機会はそれほど多くはありません。

また、自社のケイパビリティに対する関心が著しく低い経営トップが多いことも事実です。

経営戦略を考えるうえで重要なケイパビリティへの関心がなぜ高まらないかと言えば、こうした「ソフトな資産（知的資産）※」は、目に見えずとらえにくいためです。

したがって、ケイパビリティへの関心を高め、それを活用するためには、ケイパビリティを可視化していくことが重要となります。自社のケイパビリティは何で、どのように構成されていくのかを掘り下げてみるのです。

私は、ケイパビリティの構成要素を、シンプルに上の図のように

※ソフトな資産（知的資産）

企業の経営戦略、ノウハウ、知的財産、組織風土など目に見えにくい資産のこと

定義しています。

社員のパフォーマンスと、企業など組織が有するパフォーマンスを高める仕組みの掛け算、すなわち「相互作用」こそが、ケイパビリティを構成しています。この相互作用が長年続くことで、企業・組織内にケイパビリティが定着していき、組織全体の力となっていきます。

組織全体の力となれば、多少人材が入れ替わったとしても、組織はケイパビリティを保つことができるようになるのです。

多くの経営トップは「人材」をきちんと把握できていない

▼人材のケイパビリティは不足している？

ケイパビリティの構成要素を見れば、人材が大きな鍵となることは明らかです。そもそも、企業活動を行なっている主体は「ヒト」なのですから、これは当然のことでしょう。

社員が企業にとって最大の財産であることは、いまに始まったことではありません。いつの時代も、企業にとって人材はもっとも大切な資産です。

しかし、今後は少子化が進み、社員の絶対数が少なくなることに加え、人材の流動性が増していきます。しかも優秀な人材ほど、流動性は高くなる傾向にあります。人材の確保は今後ますます難しくなるでしょう。

そうなれば、いまいる人材をいかに活用してパフォーマンスを最大化するかが、ケイパビリティを高めるうえでは重要となります。

その一方で、次のような言葉を口にする経営トップも少なくありません。

「うちの社員は、変化に対応する能力が絶対的に不足している」
「新しいことを始めるためには、外から人材を連れてこないと難しい」

変革においては、いま社内にいる人材の活用や育成によって期待する効果を上げることは難しく、人材がボトルネックになっていると多くの経営トップが考えているのです。

▼経営トップは人材のとらえ方についてマインドチェンジを

こうした経営トップの考え方には一定の合理性があります。なぜなら、戦略の策定や意思決定のスピードが速くなっても、そのスピードほど社員は急速に変わることができないからです。

しかし、本当に人材がボトルネックになっているのでしょうか？

先ほどのような発言をする経営トップに対し、私は必ず次のような質問を投げかけるようにしています。

「社員はどういうスキルを持っているのですか？」
「具体的に何のスキルが足りないのですか？」
「社員はどういう状態ならパフォーマンスを発揮するのですか？」

人材（社員）のスキルが足りないと嘆いている経営トップに限って、こうした質問に対し明確に答えることができないのです。表層的に人材をとらえて嘆くだけでは、人材の理解も進まず、変革ができないのも当然でしょう。

こうした経営トップの企業では、次の2つの大きな課題があります。

① 人材のスキルの掘り下げが不充分
② 人材をスキルの側面からしかとらえていない

課題の1つは、人材のスキルの掘り下げが不充分だということです。

人材を変革し、ケイパビリティをダイナミックに変化させたいと思うのであれば、まずは人材の現状をきちんと把握する必要があることは明らかです。

人材のスキルの詳細を深掘りすることもせずに、変革を実行するためのスキルが足りているか不足しているかを、どうして判断できるのでしょうか。

さらに、もう1つの課題は、人材をスキルの側面からしかとらえていないことです。

先ほどのケイパビリティの構成要素の式（125ページ）を、改めてよく眺めてみてください。

ケイパビリティの構成要素の1つは、**「社員個人のパフォーマンス」**の総和です。「社員個人のスキル」の総和ではありません。

そうです。人材変革の目的は、人材のパフォーマンスを最大化し、生み出す価値や成果を大きくすることにあるのです。

にもかかわらず、パフォーマンスの最大化には目を向けず、社員のスキルが足りないことだけを嘆いている経営トップは、まさに「木を見て森を見ず」の状態と言えるでしょう。

こうした経営トップは、人材の変革に際しマインドを抜本的に転換する必要があります。

できないことではなく、できることからスタートしてみる

▼やるべきことはもはや定まっていない

人材変革において必要となる抜本的なマインドチェンジのポイントの1つは、**「できないことではなく、できることからスタートする」**ことです。

これまでの企業における人材育成・活用は、できないことにフォーカスするものでした。新卒で会社に入ってきたビジネスパーソンに対し、現場でのOJT※と座学のトレーニングを行なうことで、できることを増やしていくというやり方です。この背景には、企業として「やるべきこと・やらなければならないこと」がある程度定まっており、変わらないという前提がありました。事業環境や競争環境は比較的安定しており、そのなかで決められたやるべきことを、時間をかけてできるようにしていくことが、人材育成では重要でした。

※OJT
On the Job Trainingの略。職場で実際の業務に取り組みながら行なう社員教育

その結果、定められた範囲内で、できないことをできるようにするための様々な取り組みが企業内で行なわれてきたのです。

しかし現在は、企業を取り巻く事業環境は日々激しく変化しています。企業に求められるケイパビリティも急速に変わっていきます。企業の「やるべきこと・やらなければならないこと」は定まっていません。やるべきことを環境に合わせて変化させながら、変化の時代に柔軟に対応していくことが求められているのです。

加えて、個人の価値観も大きく変化しています。昔のように企業のために長い期間をかけ、できないことをできるようにしていこうとしている間に、多くの社員は企業を離れてしまうでしょう。

▼社員のできることを「見える化」する

危機や変化に直面した際、私たちはできないこと、足りないことに意識が向かいがちです。これは、危機にすばやく対応するという人間の防衛本能からは自然な対応です。危機に備えるために、保守的・悲観的になるのは悪いことではありません。

■社員ができることを「見える化」する

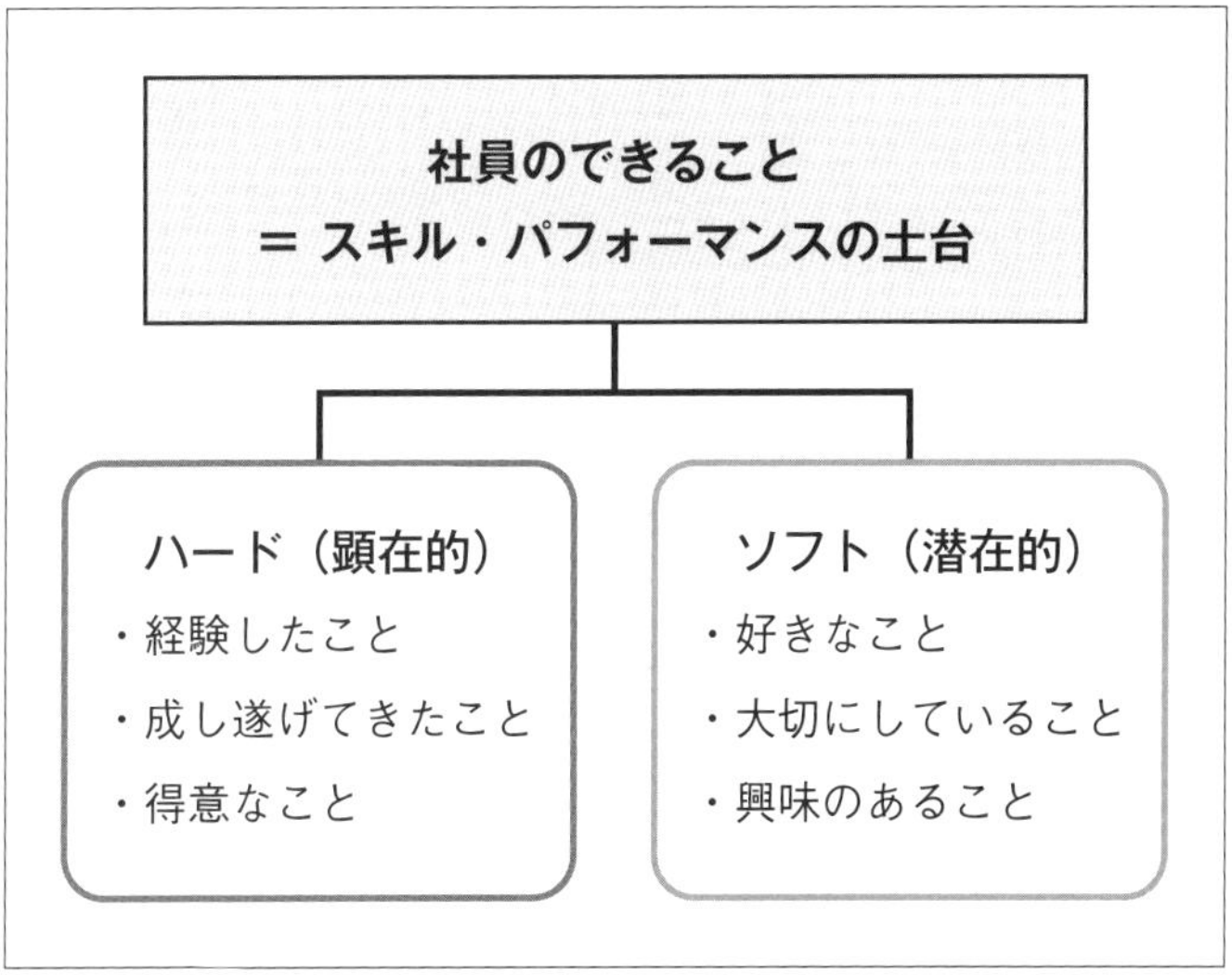

しかし、すばやく変化を起こす、という面からはマイナスです。できないことが心のハードルとなり、行動を起こしにくくなるからです。

よって、これからは人材のとらえ方を180度転換する必要があるのです。**「できないこと」ではなく「いま、できること」を基点に、個人のスキルやパフォーマンスを最大化していく**ことが重要になります。そのうえで、足りないものを短期間で補っていくことが必要となります。

社員の「いま、できること」をベースにするためには、社員のことを深く理解し、スキルを細かく分解し「見える化」

していくことが重要になります。細かく深掘りしなければ、何が足りており、何が不足しているのかも理解できません。

社員のいま、できることを深く理解し、できることをどのように活かしていけるかを考えることが必要です。そのうえで人材を活かす仕組みを整えることが、ケイパビリティや人材の変革を進めるうえでの近道であることを経営トップは理解する必要があるのです。

ここからは、「見える化」の具体的な手法について説明していきます。

▼5大スキルを「見える化」して強みを組み合わせれば組織力が高まる

まずは個人のスキルを洗い出すことが重要です。個人がどういうスキルを有しており、強みとして活用できるかを確認するのです。

私は、スキルを大きくは5つに分類してとらえています。それは、「知識」「技能」「思考力」「対人力」「マネジメント力」です。それぞれの定義は次のとおりです。

知識：物事について深く知っていること

技能：仕事や業務をやり遂げるための能力
思考力：頭を使って考え、処理する能力
対人力：対人関係において発揮される能力
マネジメント力：人・チームを動かし、他力を活かす能力

スキルの定義には、定まったものがあるわけではありません。しかし、どのようなスキルがあるかは、様々な情報を通じて知ることができます。

2020年に立ち上がった、職業情報サイト（日本版O－NET）では、スキルと知識という項目の中に、様々なスキルが記載されています。

また、日本版O－NETが参考にしたアメリカの労働省が提供する職業・資格情報の総合サイト「O－NET」にも、英語ですが有益な情報が多く掲載されています。

次のページに、個人のスキルの洗い出しの一例を示しますので、こうした情報も参考にしながら、あなたの会社の社員についても個人のスキルを洗い出してみてください。

企業など組織にとって、個人の強みを活かすことはもっとも重要な活動です。しかし、強みというものは、認識したうえで使える状態になっていなければ、強みとはなりません。

[Work] 個人のスキルを洗い出す

例 示

名前：○○ ○○

・知識

デジタルテクノロジーの最新動向、通信業界の動向、
会計知識

・技能

プログラミング、英語、リサーチ力

・思考力

傾聴力、論理的思考力、想像力

・対人力

コミュニケーション能力、人的ネットワーク、提案力

・マネジメント力

課題設定力、課題解決力、利害調整力

ワーク

名前：

・知識

・技能

・思考力

・対人力

・マネジメント力

自らの組織のメンバーがどのようなスキルを有し、どのような強みを発揮できるかを見える化しておくことは、パフォーマンスを高めるうえで極めて重要なのです。

社員のスキルや強みが理解できれば、その活かし方はいろいろと思いつくことでしょう。もっとも一般的なものは、業務分担・アサインメント※に活用することです。

その際に重要なことは、「スキルや強みが異なるメンバーでチームや組織を意識的に構成すること」なのですが、ほとんどの職場で実行できていないのが実情です。

例えば、特定領域の知識が豊富な人だけが集まっているチームと、様々な異なる領域の知識を持った人たちが集まるチームでは、どちらが困難な課題にすばやく対応できるでしょうか。また、思考力が高い人たちだけが集まっているチームと、思考力、対人力、マネジメント力が高いメンバーがバランス良く集まっているチームでは、どちらが新しいことを推進し具体化することができるでしょうか。

現在は変化の激しい事業環境の中で、自らが変わりながら新しい価値を生み出していく必要があります。そのためには、様々なスキルを総動員しながら、異質なものを組み合わせていく必要があります。

これからは、個人の異なる強みを組み合わせることにこそ、大きな価値があるのです。

※アサインメント

任命、選任、割り当てのこと

個人のパフォーマンス最大化のために仕組みをつくり替える

▼「パフォーマンス」を最大化する

人材変革において必要な、もう1つのマインドチェンジは、**人材活用を「足りないスキル・能力を高めること」から、「人材のパフォーマンスを最大化すること」に変革すること**です。

人材のパフォーマンスを最大化することは、企業においてあたり前のように思えて、なかなか実現できていません。なぜなら、これまでは戦略やオペレーションが先に決まり、それを実行するのが人材、という意識が企業運営の常識だったからです。

企業の戦略やオペレーションを実行するために、労働という価値を提供するのが社員であり、給料という対価をもらうために、社員は企業のために嫌なことも苦手なことも行な

■職能型とジョブ型の人事制度

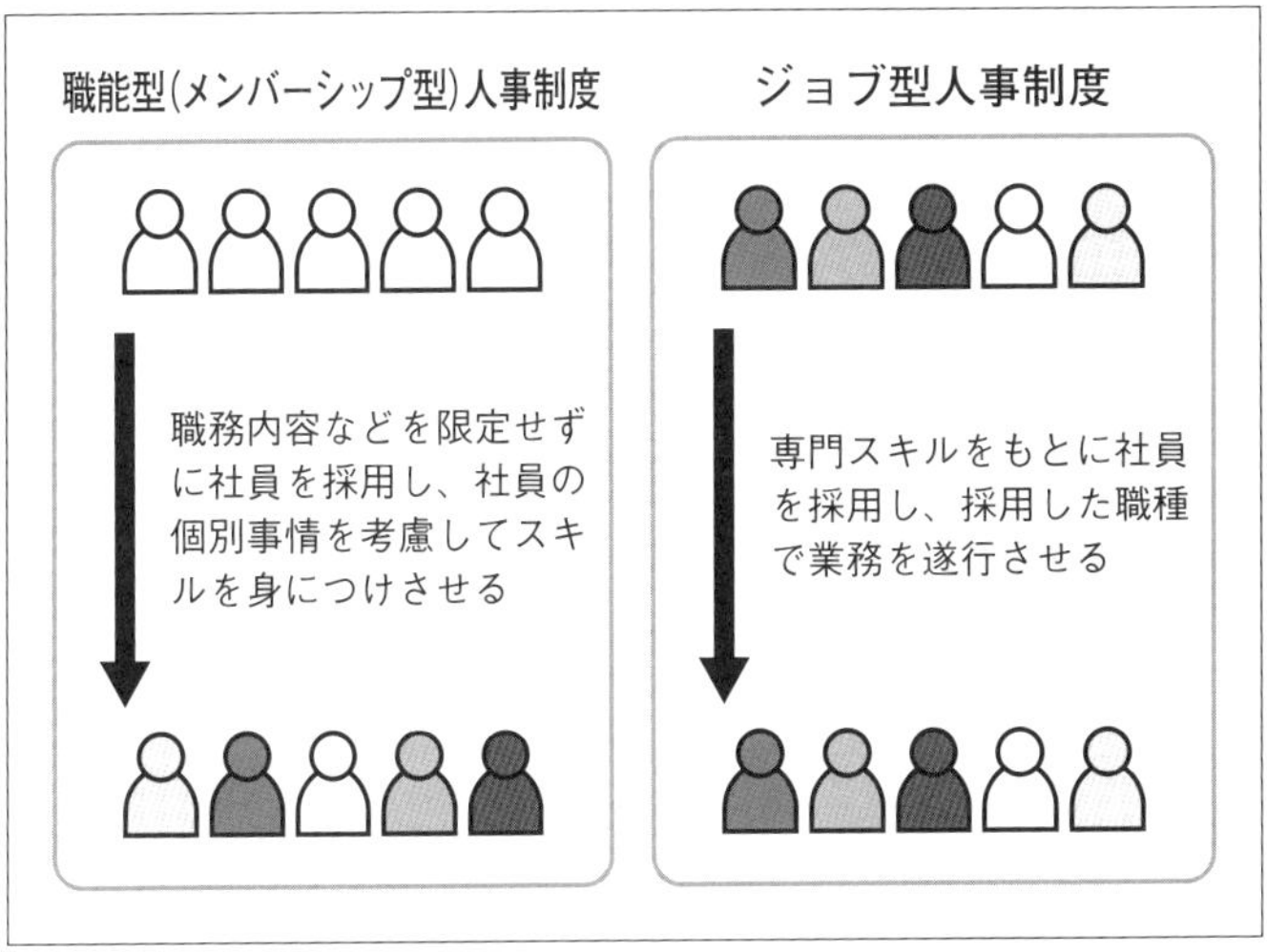
職能型(メンバーシップ型)人事制度
職務内容などを限定せずに社員を採用し、社員の個別事情を考慮してスキルを身につけさせる
ジョブ型人事制度
専門スキルをもとに社員を採用し、採用した職種で業務を遂行させる

わなければならない、というのが企業における従来の人材活用の基本でした。

しかし、社会環境や人々の価値観が大きく変化するなか、これからは**社員個人にフォーカスし、個人を活かしパフォーマンスを高めていく**ことが重要です。個人のパフォーマンスを最大化することを基点に、戦略やオペレーションを再設計し、収益の拡大と個人の心の豊かさの実現を両立していかなければいけないのです。

この点については、日本企業は元来、社員の個別事情を考慮することは得意なので、それほど難しくはないはずです。

このことは、欧米企業が職務を基本とした「ジョブ型」の人事制度※を採用している

※ジョブ型の人事制度

職務内容を定め採用や評価を行なう人事制度。欧米企業で多く採用されている

のに対し、日本企業が個人の能力を基本とした「職能型（メンバーシップ型）」の人事制度※を採用してきたことからも明らかです。

近年は日本企業の職能型人事制度の弊害が指摘され、ジョブ型への移行が叫ばれていますしかし、欧米のジョブ型をそのまま適用することは難しく、それではうまく機能しないでしょう。

日本の新たな人事制度の鍵は、個人の強みを軸にパフォーマンスの最大化につながる仕組みを再整備することと、後ほど説明する汎用スキルを個人が高め、汎用スキルをベースとした人材流動化を進めていくことにあると私は考えています。

個人のパフォーマンスの最大化を基点に戦略やオペレーションを最適化できれば、収益の最大化と個人の心の豊かさの実現という、これから企業にとって重要となる2つのゴールもより両立しやすくなるのです。

では、個人のパフォーマンスを最大化するためには何が必要になるでしょうか。

※職能型（メンバーシップ型）の人事制度

職務内容を定めず採用や評価を行なう人事制度。日本企業に多く採用され、年功序列や終身雇用を前提としている

▼個人のパフォーマンスを最大化する要素

個人のパフォーマンスを最大化するためには、特に2つの要素が重要です。

> **① 個人がすでに有する強み・スキルを最大限活かすこと**
> **② 個人の能力を最大限発揮できるように、モチベーションを高めること**

ニューノーマルの時代では、できることを基点に、まずはこの2つにフォーカスすることが重要です。そのうえで足りないスキルを短時間で補っていくのです。

そのために経営トップは、具体的には次ページに示した4つの支援を行なうことで人材の変革を自らが主導していく必要があります。

人材の変革を実行に移し着実に成果につなげるためには、着手の順番も大切です。モチベーション→強み・スキル→汎用スキルの順番で進めていくことで、変革を着実に成果につなげることができます。

経営トップにとって、人材の育成が最大の仕事であることは疑いの余地がありません。

■個人のパフォーマンスを最大化するプロセス

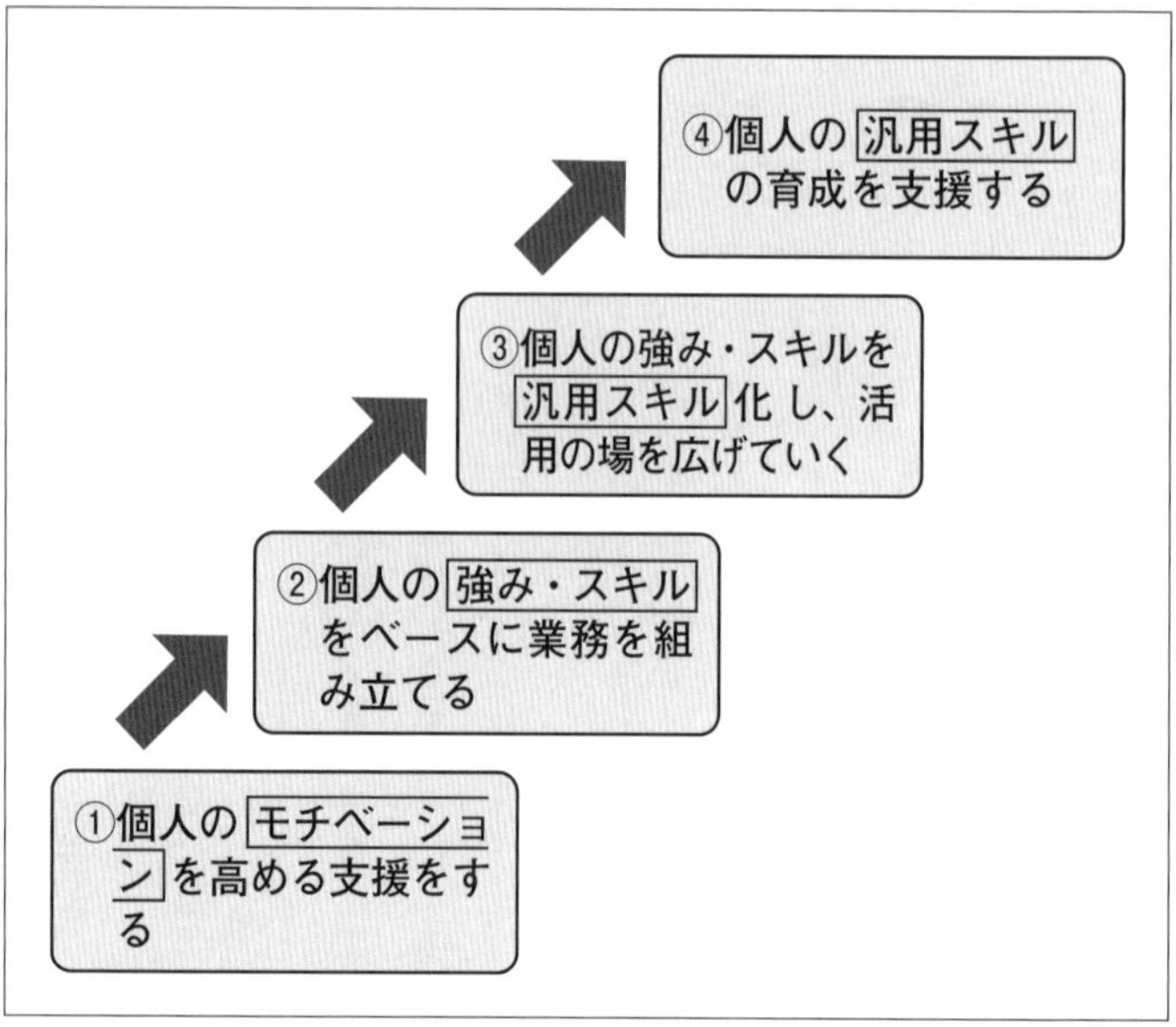
④個人の 汎用スキル の育成を支援する
③個人の強み・スキルを 汎用スキル 化し、活用の場を広げていく
②個人の 強み・スキル をベースに業務を組み立てる
①個人の モチベーション を高める支援をする

繰り返しになりますが、企業は収益の最大化と同時に、個人の心の豊かさの実現を両立できなければ、良い人材は企業を離れ、企業にとっての貴重な戦力にはなってくれません。

個人のパフォーマンスを最大化し、柔軟に変化できるケイパビリティを組織の中につくり上げていくことこそが、これからのニューノーマルの時代には不可欠な取り組みなのです。

以下、この各プロセスについて解説していきます。

人材の変革プロセス①
個人のモチベーションを高める支援をする

▼個人の価値観を理解する

個人のパフォーマンスを高めるために、もっとも着手しやすく、かつ効果を上げやすいのが、モチベーション※を高める支援をすることです。

個人のモチベーションが高まれば、自らの能力を発揮しやすくなり、パフォーマンスが高まり、成果や効果を上げやすくなることは、説明するまでもないでしょう。

このことは逆に、モチベーションが下がれば、パフォーマンスは低下し、成果や効果が上げにくくなることを示しています。

しかし、多くの職場ではモチベーションの低下に端を発した組織活動の停滞が起こり、放置されています。人材の変革において、もっとも手のつけやすいことが、いまだ手つか

※モチベーション
人が行動を起こす際の、やる気、意欲、動機

ずの状態で残っているわけです。

モチベーションを高めるための方策は様々ですが、これからの時代でもっとも重要になるのは、**「個人の価値観を尊重した働き方を実現できる支援を行なう」**ことです。

ここで言う個人の価値観とは、その人が仕事において「もっとも大切にしていること」を指しています。仕事を行なううえでの思考や行動のもとになるものが、価値観です。

個人の価値観が満たされていれば、仕事におけるモチベーションは自然と高まります。逆に価値観が満たされていなければ、仕事を進めるなかでストレスが溜まり、業務の効率も落ち、成果を上げることも難しくなります。

個人の価値観を知るためには、それぞれの社員が仕事において、次の3つのことを明確にし、企業内で共有することが大切です。

- 仕事を進めるうえで大切にしていること
- 仕事を進める際の自分のありたい姿
- 仕事のキャリア上のなりたい姿

[Work] 自己紹介シート

例示

・大切にしていること
一人で考える時間を確保する
目標数値にはどん欲に働きたい
子どもとの時間を大切にする

・ありたい姿
システム領域の主担当として主体的に考えて行動する
仕事を通じて課題解決スキルを高めて成長する

・なりたい姿
大企業の仕組みを変えていくことができる人材になる

ワーク

・大切にしていること

・ありたい姿

・なりたい姿

具体的には、自己紹介シートのようなものをつくり、各社員にこれらの情報を記載してもらいます。可能であれば、プライベートにおける「大切にしていること」、「ありたい姿」、「なりたい姿」も記載してもらいます。

そして、その情報を企業や組織のメンバー全員が閲覧できるよう、共有するのです。前ページの上に、自己紹介シートの一例を示しておきましたので、これを参考にしてあなたの会社における社員の自己紹介シートを作成してみてください。

▼組織の価値観を可視化する

ここまで説明してきた個人の価値観を可視化することと合わせて、企業など組織のコアとなる価値観（バリュー）も明文化し表明することが必要です。

ここでいうコアとなる価値観とは、**「組織が大切にしており、社員の活動や行動のもとになる指針」**を意味しています。

コアとなる価値観と似た概念に、経営理念（ミッション）や存在意義（パーパス）があります。これらは、一般的には価値観よりも高次の概念であり、組織が存在する目的や意義を定めたものです。

こうしたミッションやパーパスを明文化している企業は数多く見られます。しかし、内容が古すぎて形骸化しており、誰も大切にしていないケースや、内容があまりにも一般的でどの企業にもあてはまるため、自分の会社の価値観として誰も重視していないケースが多いのも事実です。

企業が表明する価値観は、その企業に属する社員一人ひとりが理解し大切に感じており、思考や行動のベースとなるものでなければ意味がありません。

私が大学を卒業して入社したソニーには、創業者が残した、有名な「設立趣意書」なるものが存在します。その設立趣意書には、「自由闊達にて愉快なる理想工場の建設」等からなる、会社設立の目的に関する記載があり、会社としてのミッション、パーパスが明確に表明されていました。

『ハーバード・ビジネス・レビュー』の2020年7月号によると、ソニーの吉田憲一郎社長は近年、ソニーのパーパスを言語化することに力を注ぎ、これからの経営の根幹になる「パーパス&バリュー」を設定したそうです。

組織の価値観を明確にするといったソフト的な取り組みは、これまでの経営においては

[Work] 組織（会社）の価値観の可視化

例 示

- (顧客である)高齢者の日常生活に新しい楽しみや喜びを提供する
- 新しいものを生み出す意識をつねに持つ
- スピードを重視し、まずやってみる
- 社員にとっての成長につながる仕事・業務を優先する
- 社員の意見を取り入れることができる社内環境を整備する
- 環境にやさしい事業を優先する

ワーク

-
-
-
-
-

それほど重視されていませんでした。しかし、事業環境や個人の価値観が大きく変化するなか、これからはもっとも重要な活動の1つとなるでしょう。会社や組織の価値観を改めて具体的に明文化し、社員に示すことが必要なのです。

なお、前ページには、組織の価値観の例を示しました。これを参考にして、あなたの会社の価値観の可視化について、ワークを進めてみてください。

▼組織の仕組みを価値観に合わせてつくり直す

個人（社員）の価値観と組織（会社）の価値観を可視化した後、どのような状態になれば個人のモチベーションを高めることができるでしょうか。その答えは明白です。

個人の価値観と組織の価値観の重なりを大きくすることです。

両者の価値観の重なりが大きければ大きいほど、個人のモチベーションは自然と高まり、結果として組織全体のモチベーションも高まります。なぜなら、自らが大切にしていることが職場で守られている、と日々の活動の中で体感できるからです。

当然ながら、個人の価値観は様々です。すべての個人が同じ価値観を持っているわけではありません。

また、個人が大切にしていることも、組織が大切にしていることも、1つではありません。

個人も組織も、複数の価値観を持ち、それらの価値観を使い分けています。

人によっては、一見正反対に思えるような2つの価値観を大切にし、場面ごとに使い分けているようなこともあります。

個人の価値観は異なっていても、多くの社員に共通する価値観は必ず存在します。

より多くの社員が共通して大切にしている価値観をまずは見つけ出すのです。

次に、見つけ出した多くの社員に共通する価値観と、組織の価値観の重なりを探します。

これらも同様に、何かしらの重なる部分は存在しているはずです。

その重なりこそが、組織と個人がもっとも納得でき大切にできる共通の価値観ということになります。これが、本当の意味での組織における「コアバリュー」※となります。

コアバリューが見つかったら、人材の変革や育成の活動の中心に、このコアバリューを据えるのです。

具体的には、働く時間や場所といったワークスタイルを、コアバリューをもとに変革し

※コアバリュー

企業がもっとも重要であると考える価値観

ます。また、それぞれの社員が担当する業務内容や、役割・チーム構成（誰と組むか）といったことも、コアバリューをベースに考えるようにします。

そして、そのコアバリューに基づく組織の仕組みを、組織の内外に伝えていくことも、個人のモチベーションを高め、一体感を生み出すためには効果的です。

▼なぜコンサルティングファームの社員はパフォーマンスが高いのか？

例えば、コンサルティングファームでは一般的に、「コンサルタントとしてのスキルを高め、成長できること」が、組織と個人の価値観の重なりとしてもっとも大きな部分を占めています。

よって、コンサルティングファームでは、すべての仕組みや行動がこの価値観を基点に設計されています。

クライアントの方から、「なぜコンサルティングファームには優秀な人が多いのですか？」という質問を受けることがありますが、その最大の要因は、**共通の価値観を個人と企業が共有し、モチベーションの高い個人が仕事を行なっている**ことにあると私は考えています。

[Work] 個人と組織の価値観の重なり

例 示

個人の価値観	組織の価値観
・一人で考える時間を確保する	・高齢者の日常生活に新しい楽しみや喜びを提供する
・数値目標にどん欲に働く	・新しいものをつねに生み出す
・子どもとの時間を大切にする	・スピード重視
・主体的に考えて行動する	・社員の**成長**につながる業務
・課題解決能力を高め**成長**する	・社員の意見を取り入れる
・大企業の仕組みを変える	・環境にやさしい事業

価値観の重なり

課題解決スキルを伸ばし**成長**できる仕事を行なう

ワーク

個人の価値観	組織の価値観

価値観の重なり

ただし、このような価値観は時代とともに変わることもあります。

例えば、「クライアントのために、結果を出すには長時間労働もいとわない」といった価値観は、昔は個人にも組織にも共通したものでした。しかし近年は、こうした価値観は失われ、代わって「クライアントのために、短時間で成果を上げていく」ことが、共通の価値観になりつつあります。

事業環境が大きく変化するなかで、伝統的な大企業ほど、社内の人材やマインドといったソフト面よりも、戦略やビジネスモデルといったハード面に目を向けがちでした。しかし、その結果、事業環境の変化に個人のケイパビリティが伴わないというソフト面の課題を抱えてしまっています。

まずは、個人と組織の価値観の重なりにフォーカスし、モチベーションを高めていくことこそが、地味ながらも個人のパフォーマンスを高める人材変革の第一歩となるのです。

なお、前のページに個人と組織の価値観の重なりの例を示しておきましたので、それを参考にして、あなたの会社についても個人と組織の価値観を洗い出し、両者の重なりを見つけ出してみてください。

人材の変革プロセス②

個人の強み・スキルをベースに業務を組み立てる

個人のパフォーマンスを最大化するための次の重要なポイントは、**個人の強み・スキルをベースに業務や組織の活動を組み立てていく**ことです。

自分が得意なことをやっているときと苦手なことをやっているときで、どちらのほうがモチベーションが高まり、パフォーマンスが上がるでしょうか。

両者でパフォーマンスに大きな差が生まれることは、容易にイメージができるはずです。にもかかわらず、先に触れたとおり、これまでの企業での業務や組織活動は、個人のできないこと、すなわち弱みを克服することに力点が置かれていました。

▼多様な個人スキルを柔軟に組み合わせる

なぜ個人の弱みの克服が重要だったかと言えば、社員全員にとって必要とされる同質的なスキルを高めていくことが、組織の力を高めることにつながると考えられていたためです。

したがって、得意なこと、苦手なこと、といった要素に関係なく、社員全員が同じことを同じようにできることが重視されていたのです。

しかし、こうした前提は、昨今の事業環境の変化やコロナショックを受け、正反対になりました。

変化が激しく、危機が頻繁に訪れる事業環境の中では、同質性の高い組織（企業）は、変化への対応が難しく、一気に沈んでしまいます。

それとは反対に、個人のスキルが様々で、それぞれ異なる強みを活かし、それらを柔軟に組み合わせ、業務を臨機応変に変えられたほうが、危機や変化の時代には、組織としてのパフォーマンスを高めることができるのです。

人材の変革プロセス③

個人の強み・スキルを汎用化し、活用の場を広げていく

個人のスキルや強みを可視化し、それをベースに業務を組み立てたら、そのスキルや強みの活用場面を広げることが重要です。

これまで多くの企業は、戦略やオペレーションを実行するために業務の設計を行ない、各社員がその業務を実行することで事業活動を行なってきました。業務を経験していくなかで、個人のスキルは蓄積され、組織のケイパビリティが高まってきたのです。

この結果、職場における個人のスキル・強みは、過去に経験した業務と密接に紐づいており、「業務経験＝スキル」という側面が非常に強いのが実情です。

例えば、「受発注業務が正確にできること」や「新商品をすばやく開発する業務ができること」が人材のスキルであり、組織のケイパビリティであると思われてきました。

一方、先ほど可視化した個人のスキルは、特定の業務とのみ結びついていたものとは限

りません。例えば、思考力や対人力といったスキルは、特定の業務でしか使えないわけではないはずです。

本来、スキルとは、様々な業務や場面で活用できるものなのです。

にもかかわらず、なぜ「業務経験＝スキル」になったかと言えば、企業が「業務を行なうことにしか個人（人材）の価値を見出していなかった」からにほかなりません。定められた業務を行なうことが個人の価値であり、個人に求めるものと考えていたのです。

しかし、人材育成の観点から見れば、これほど効率の悪いものはありません。

冷静になって考えてみましょう。

私たちは、会社で膨大な時間をかけて業務を行なっています。経団連※が公表した2020年労働時間等実態調査によると、2019年における一般労働者の年間総実労働時間は、2000時間です。

以前よりは減少傾向にあるものの、私たちは年間で2000時間もかけて会社で仕事をしているのです。その結果、身につくスキルが、「特定の業務を行なうこと」というのは、あまりにも悲しいことです。

しかし現実には、長年同じような業務を行なってきた人が、その業務がなくなった途端、

※経団連

一般社団法人日本経済団体連合会の略称。2002年に経済団体連合会と日本経営者団体連盟が合併して誕生した総合経済団体

新しい業務に適用できず、会社の中で仕事ができなくなってしまったり、できる業務がないことを理由に、本来やる必要のない業務を仕方なく続けていたりします。

一方で、新しい機能・業務を強化する際には、社内に人材が余っているにもかかわらず、その業務経験のある人材を、わざわざ外部から採用しているのです。

こうした考えやマインドこそが日本企業の生産性（労働生産性）を先進国最低水準に引き下げてしまった要因です。人材の変革を進めるうえでは、こうした点に抜本的なメスを入れていく必要があります。

▼可視化したスキルを汎用スキルにバージョンアップする

いまのVUCAの時代は、定められた業務を行なうだけでは成果や価値を生み出すことは難しくなっています。

様々な業務を柔軟に行ないながら、成果を生み出していく必要があります。

そのために、職場での「業務経験＝スキル」というマインドをゼロベースで見直す必要があります。**業務経験とスキルの結びつきを解きほぐし、スキルを業務経験から一度引き**

■VUCA時代前後のスキルのとらえ方

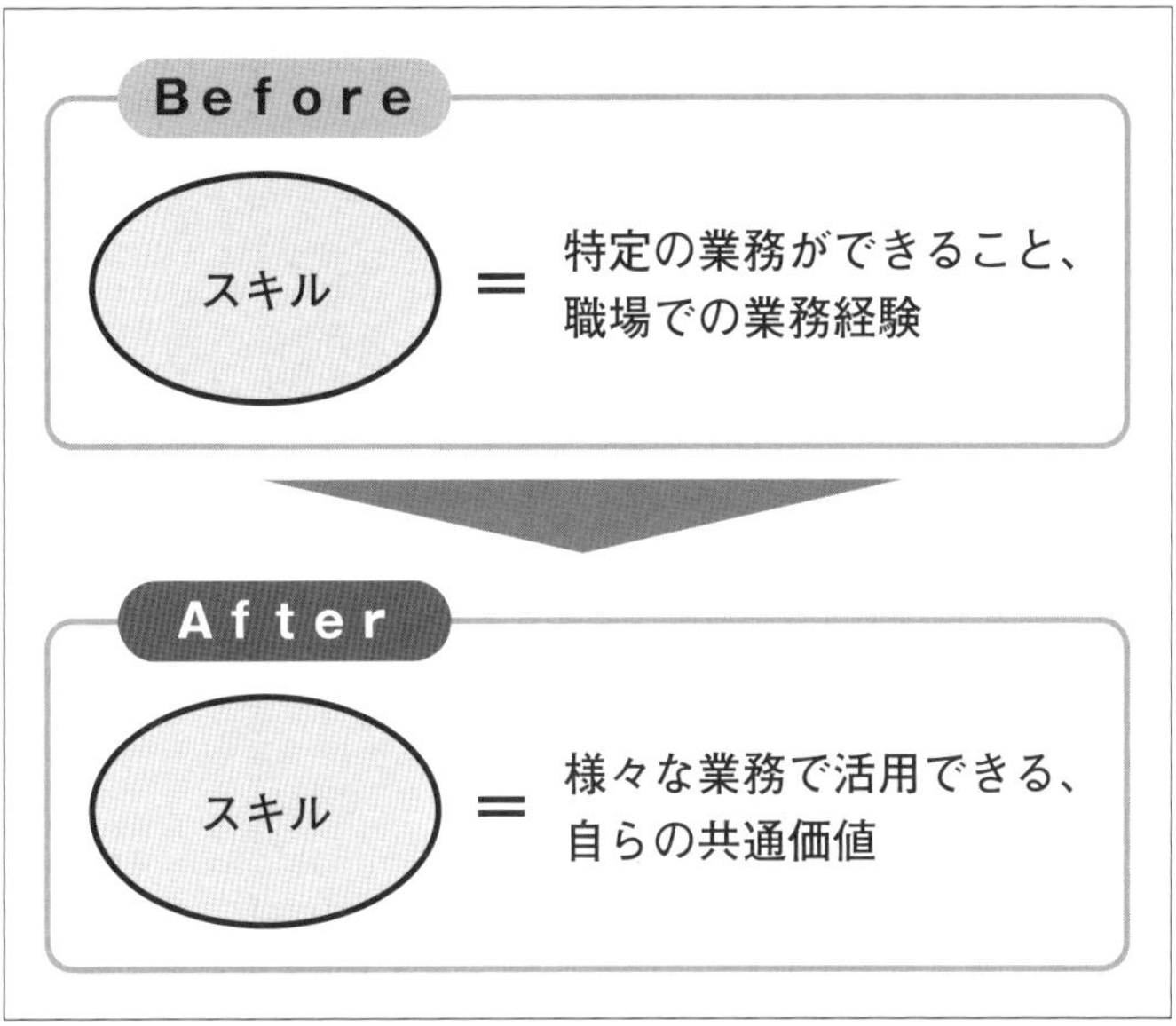

はがすことが重要なのです。

同時に、その企業や職場でしか行なわない、固有の単純業務や作業をできる限りなくしていくことが大切です。この2つを徹底的に推進していく。その鍵となるのは、「**汎用スキル**」です。

汎用スキルとは、様々な企業や職場で活用できる、再現性のあるスキルを指しています。すなわち、個人が自分のスキルを意識できており、様々な場面で活用することができれば、汎用スキルになるということです。

汎用スキルのベースになるのは、

可視化されたスキルです。可視化されたスキルが仕事や業務の中でどのように活用できるかをつねに考え、実際に意識していろいろな業務に活用していくことで、個人の汎用スキルは形成されていきます。

汎用スキルは、個人のスキルを業務経験ではなく、価値をベースにとらえ直したものです。こうした意識転換を経営トップがまずは実践し、組織内のメンバーの汎用スキルを特定し、実際の業務で活用することを先頭に立って推進していくことが重要なのです。

ケーススタディ

コミュニケーション能力が高い人の汎用スキル

定められた業務や仕事をスピーディーに行なうことは苦手だけれども、周りの人とのコミュニケーション能力が高い人は、どの職場でも見かけます。

こうした、いわゆる「仕事のできない人」が、なぜ社内で人気があるのでしょう？

このタイプの人が持つスキル（特徴）として、「いろいろなことに気を配ることができる」ことが挙げられます。同僚の様々な問題や気持ちの変化、落ち込みなどにすぐに気がつき、寄り添うことができるのです。

その結果、たとえ仕事のスピードは遅くとも、社内で重宝されているのです。

このタイプの人を汎用スキルの面からとらえると、コミュニケーション能力が高く、「傾聴力」や「共感力」が高い人だと言えます。

こういう人は、その高いコミュニケーション能力を活かすことができる業務の担当に配置することが効果的です。例えば、顧客のニーズを引き出すことが求められる対面業務に配置転換することで、力を発揮することができるでしょう。


こうした意識転換と活動を行なえば、特定の業務しかできない人材は、生まれなくなります。汎用スキルを活用し、様々な業務ができる人材に転換していくことができるのです。

こうすることで、個人のスキル・価値が高まり、結果としてパフォーマンスも高まり、変化や新しい戦略・オペレーションにも対応できるようになります。

人材の変革プロセス④

個人の汎用スキルの育成を支援する

個人の汎用スキルを高めるために、企業そして経営トップは何ができるのでしょうか。それは、汎用スキルを高めるための「場」を自らが積極的に創り出すとともに、汎用スキルの育成に時間（工数）とお金を投下することです。

日本企業の教育・トレーニングに対する投資は、先進国で最低水準だと長らく言われ続けています。また、企業内の教育・トレーニングは、現場のＯＪＴと座学が中心です。

しかし、ＯＪＴは既存の定められた業務をうまく行なうことが目的となっています。また、座学は知識習得を目的としたものが多く、実際に現場では役に立たないものも多く含まれています。これでは汎用スキルの実践的な育成にはなかなかつながりません。

これからは次の2つのタイプの教育・トレーニングが重要になります。

▼「共通性」を可視化し転用する

1つは、**実務から得られた学びを汎用化するトレーニング**です。個人ごとに、実務で行なっていることは異なります。内容もタイプも難易度も様々です。しかし、そこで学んでいることには、他の業務や職場でも使える「共通性」があります。

特定の業務から得られる、この「共通性」を見つけて可視化し、それを情報として整理し、実際に業務を別の場面で使ってみる。すなわち、次のサイクルを回すトレーニングを、実務を題材にして行なうことが効果的です。

共通性の可視化　↓　情報の定型化　↓　別場面での転用化

こうしたサイクルを回すトレーニングを行なうことで、様々な業務の「自分事化」が進み、汎用スキルを高めていくことができます。

▼「思考力」を鍛える

もう1つは、**汎用スキルの中でも特に汎用性の高い「思考力」を鍛えるトレーニング**です。

ビジネスの現場において、様々な思考力を身につけることが必要なことは言うまでもないでしょう。しかし、なぜ、そうした思考力を身につけることが重要なのでしょうか。

ビジネスで必要なことを突き詰めていくと、次の2つにたどり着きます。

① 課題やニーズ、事業機会などの「何か」を発見すること
② 課題やその真因、やるべきことなどの「何か」を解決すること

このことからもわかるように、ビジネスで求められる思考力は、「何か」を発見する課題発見・発散型の思考と、「何か」を解決する課題解決・収束型の思考に収れんされます。

こうした2つのタイプの思考力を鍛えるトレーニングを、実務に即して行なうことができれば、思考力は高まり、結果として汎用スキルを高めることにもつながっていくのです。

VUCA時代の組織に求められる新しいケイパビリティ

▼サービスやソリューションを提供するケイパビリティ

個人のモチベーションや、いまあるスキル・強みを活かすことで、個人のパフォーマンスは短期間で大きく高めることができるというのが、私が長年実施してきた人材変革の支援から得られた結論です。

これだけでも個人のパフォーマンスは大きく高まり、企業の収益の拡大と個人の心の豊かさの実現に大きく貢献します。地道な取り組みこそが短期間で成果を上げる鍵であり、経営トップの実力を左右すると言っても過言ではありません。

しかし、それだけでは不充分だ、と感じる状況もあるでしょう。

企業変革を進めるうえで、新しいケイパビリティを早期に構築しなければならない場面も存在します。ここでも、まずはいま、できることを基点に進めていくことが重要になります。

通常、企業が新しいケイパビリティを構築するためには、新しい機能を強化する必要があります。事実、現在多くの日本企業が、似たような新しい機能の強化に力を注いでいます。代表的な機能の強化は、次の3つです。

- ソリューション※機能の強化
- デジタル推進機能の強化
- データマネジメント機能の強化

なぜ多くの日本企業が、こうした似たような機能強化を必要とするかと言えば、事業環境の変化や顧客ニーズの変化が共通しているためです。

経済が一定の水準に達したことにより、顧客にとっての価値の源泉は「モノ」から「コト」へと変化しつつあります。これに伴って企業が必要とされるものも「良いモノをつくって売るケイパビリティ」から、**「良いサービスやソリューションを提供するケイパビリ**

※ソリューション

ビジネスやサービスで抱えている問題を解決すること、そのために提供されるシステムなど

ティ」へとシフトしています。

また、デジタルテクノロジーの急激な進化と社会生活への浸透により、企業活動ではいかにデジタルやデータを活用し、新しい価値を生み出していくかが極めて重要になりました。

そのため、デジタルやデータ活用の差で、収益や競争にも大きなインパクトが生まれるようになっています。その結果、デジタル推進やデータマネジメントの機能の強化が多くの企業で必要不可欠となっているのです。

▼いま、社内にいる人材のスキルを活用するための3つのステップ

しかしながら、これらの機能強化は、多くの企業でうまく進んでいません。その理由は、経営トップの人材不足という思い込みや、スキルと業務のミスマッチによるものです。

先に触れたような、「外から人材を連れてこないと難しい（社内の人材では実現できない）」と思い込んでいる経営トップが多いのです。

そこで、いま、できることを基点に、発想を１８０度転換する必要があります。具体的

■個人のスキルを活用するための3つのステップ

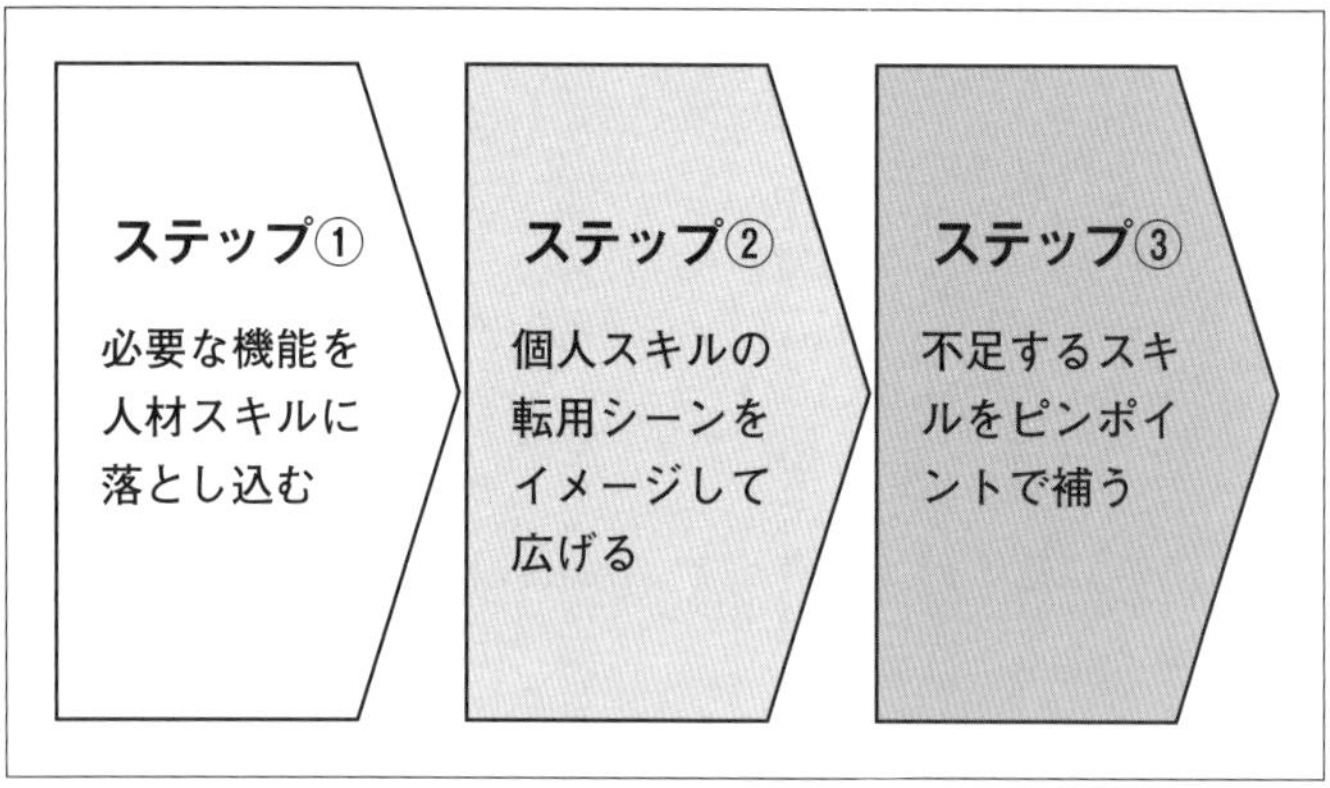
ステップ①
必要な機能を人材スキルに落とし込む
ステップ②
個人スキルの転用シーンをイメージして広げる
ステップ③
不足するスキルをピンポイントで補う

には、上の図のように3つのステップで機能強化に取り組むことが重要です。

先ほど説明した人材スキルを洗い出したのと同様に、企業が必要とする機能についても洗い出して転用シーンをイメージしてみます。

足りないケイパビリティ・機能を人材スキルのレベルまで落とし込み、いま、社内にいる人材のスキルをうまく転用することで、本当に不足するケイパビリティは、実はそれほど多くないことがわかるはずです。

個人スキルの活用ステップ①
必要な機能を人材スキルに落とし込む

経営トップが機能強化を行なう際に必ず陥るのは、「何を強化すればよいのかわからない」という状況です。こうした声は、様々な企業の現場で耳にします。

ここからは、日本企業が強化すべき代表的な機能である「ソリューション機能」を例にして、どのように人材の変革を実現しつつ組織のケイパビリティを高めていくかを考えていきます。

ソリューション機能とは、「顧客や社会が抱えている課題を解決する機能」と定義することができます。これは、すべての日本企業にとっての共通テーマです。

ソリューション機能強化のスタートは、対象となる機能を分解し業務レベルにまで落とし込むことです。

「ソリューション機能が弱い！」「ソリューション人材が足りない！」とただ叫んでいる

だけでは、何も進みません。

顧客が抱えている課題を解決するためには、どんなことをしなければならないのかを深く考え、機能を分解し、業務レベルまで落とし込んでいかなければいけません。

顧客の課題を解決するソリューションを提供するためには、5つの業務機能が必要です。

①顧客の課題・ニーズを発見する
②顧客への新しい解決策・提供価値を考える
③解決のソリューションを開発・組成する
④顧客に対し継続的に提供する
⑤顧客との「継続的な関係」を構築・維持する

次に、分解した各機能をさらに深掘りします。

例えば、1つ目の「顧客の課題・ニーズを発見する」ためには、次のような汎用業務が必要になるでしょう。

・顧客の行動を把握する
・顧客の発言や声を収集する
・世の中の最新動向やトレンド情報を収集する
・顧客の先の顧客の声を収集する（顧客が法人の場合）
・収集した声や情報を分析し変化を見つける

■機能強化のプロセス

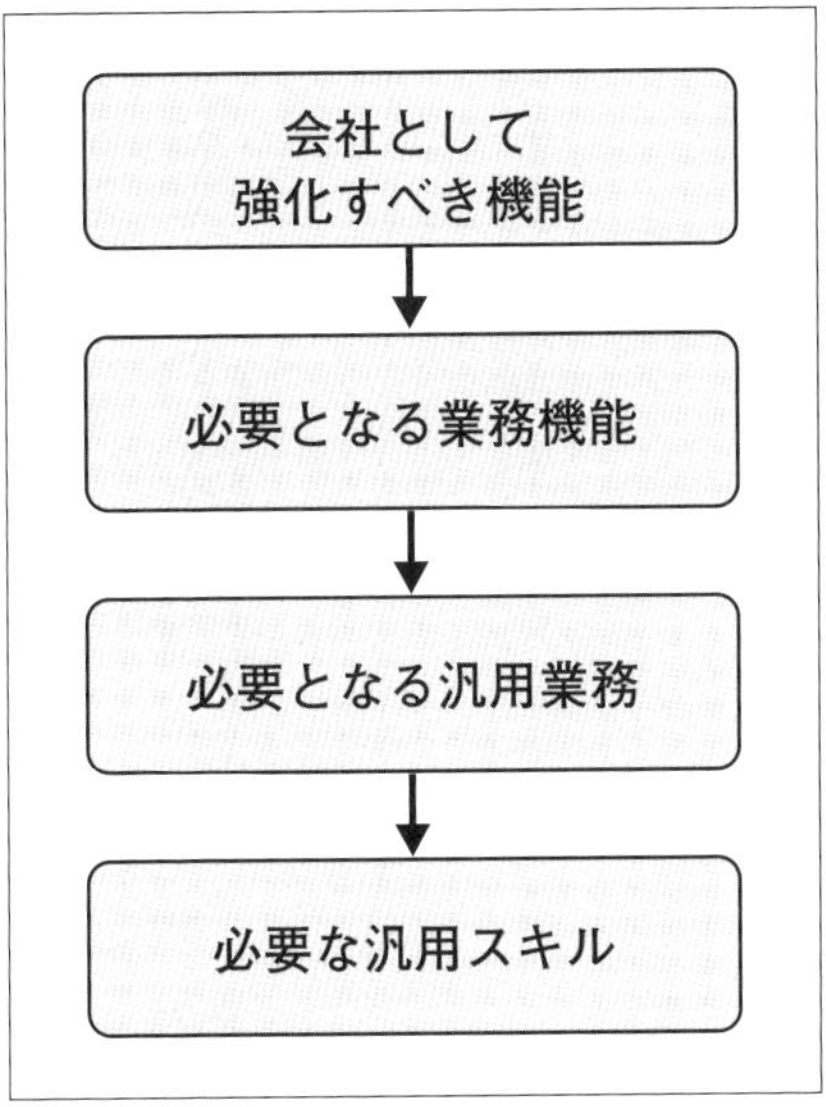

ここまで深掘りすれば、ソリューション機能を業務レベルまで分解することができ、そうすれば、必要となる汎用スキルを可視化することができます。ケイパビリティ・機能強化の第一歩は、こうしたソフト面の地道な深掘りにあるのです。

個人スキルの活用ステップ②

個人スキルの転用シーンをイメージして広げる

▼業務レベルの機能と汎用スキルをマッチングする

強化すべき機能が業務レベルまで分解できれば、あとは次ページの図に示したように前述の汎用スキルと業務を結びつけていきます。

例えば、会社のソリューション機能を強化する際の「顧客の行動を把握すること」に必要な汎用スキルは、観察力や傾聴力といったものでしょう。

こうしたスキルの高い人材を社内で探し、そのスキルが必要な新しい業務を担当してもらうことができます。これまで担当してきた業務よりも別の業務のほうが得意な社員はいるはずです。しかし、業務経験ベースでしか個人のスキルをとらえていなければ、こうした社員をソリューション機能強化に振り向けることはできません。

■会社の機能と個人のスキルを組み合わせる

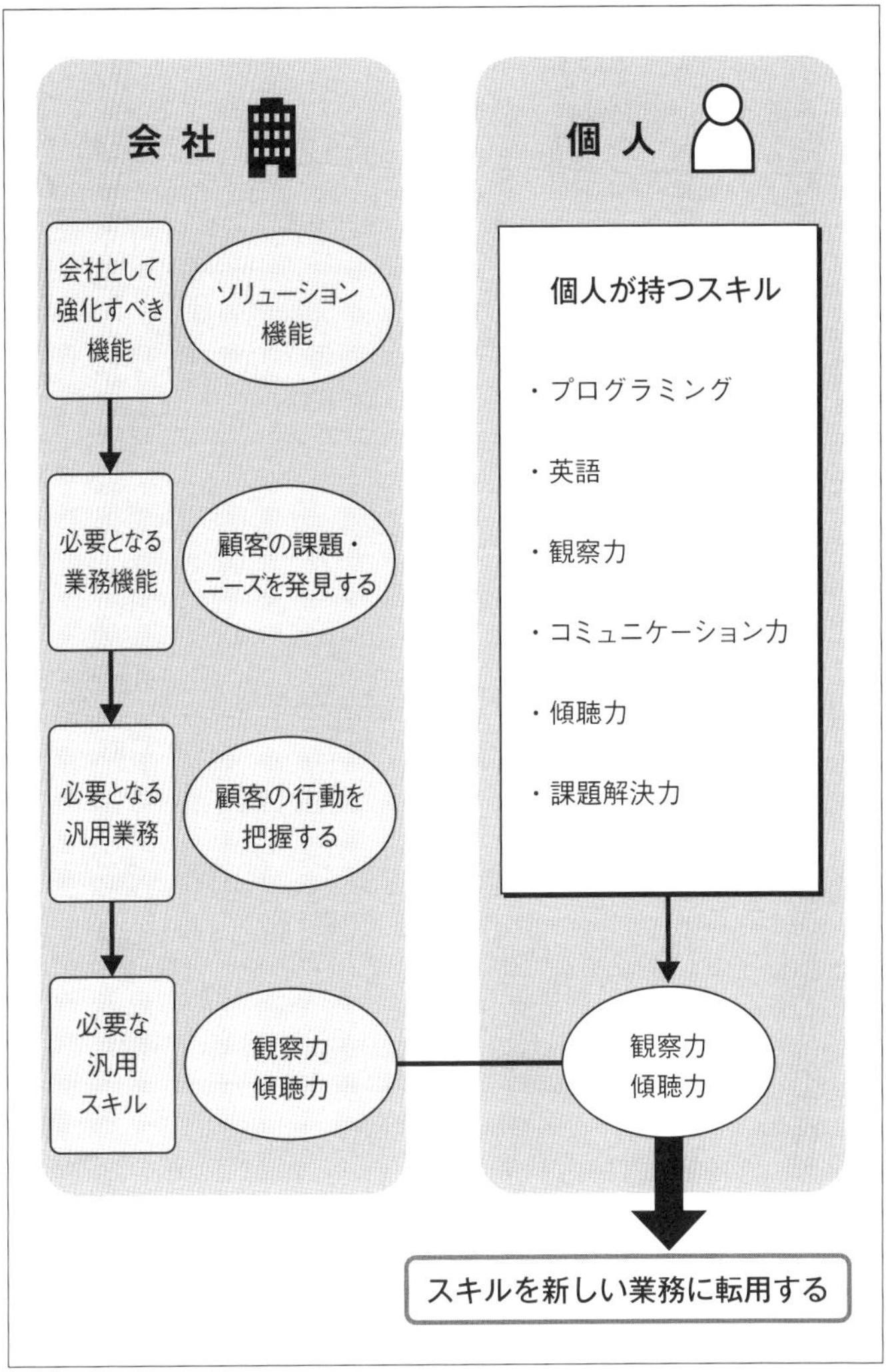

個人スキルの活用ステップ③
不足するスキルをピンポイントで補う

このようにマッチングを進めていくと、機能を強化するために、どうしても足りないスキルはそれほど多くはないことがわかるはずです。

通常、機能強化に際し絶対的に足りないスキルは、一部の知識や技能に限られてきます。ソリューション機能強化で言えば、分析に際し必要となる統計学の知識・技能や、プログラミングの技能といったものです。

不足するスキルが細分化されて、具体化されていれば、内部の人材を育成することも、以前よりは容易にできるはずです。ピンポイントで必要なことだけを、短期集中でトレーニングすればよいからです。

特定の専門技能・知識については、オンライン学習やEdTech※などのデジタルコンテンツが、以前とは比較にならないほど充実しています。コンテンツが見つからない、と

※EdTech

教育（Education）とテクノロジー（Technology）を組み合わせた造語。教育分野にイノベーションを起こすビジネス、サービス、スタートアップ企業などの総称

いった状況はあり得ません。あとは、やるかやらないかの問題だけです。せっかくいる社内の人材にもっと目を向け、経営トップが率先して変革を主導していくことが重要です。それでも社内で調達できないスキルがある場合は、外部から採用すればよいでしょう。

事例 デジタルテクノロジーの活用

私が所属するデロイト トーマツ コンサルティングでは、今回のコロナ危機をきっかけに、デジタルテクノロジーを活用した業務変革を大胆に進めました。

オンラインラーニングのコンテンツを整備し、社員が好きなときにいつでも様々なコンテンツを学習することができるようになりました。その結果、コロナ禍であることが逆にラーニングを促進する結果につながっています。

また、デジタルツールを活用したリモートワークの実践を進め、ニューノーマル時代の働き方を取り入れました。具体的には、予定表ツールの導入、オンラインチャットツールの業務活用の拡大、チェック・インアプリ「WellMe」の活用などです。

こうしたツールの活用により社員の意識は高まり、働き方の変化だけでなくスキルの向上にもつながっているのです。

「こんなにも大変なことを行なう必要があるのか」と感じている経営トップがいるかもしれません。

しかし、考えてみてください。

新しい機能の強化とはいえ、やっていることは、自分の会社の慣れ親しんだ人材とビジネスの実態を分解し、マッチングしているだけのことです。

慣れ親しんだ人材や業務の分解を難しいと感じるのは、普段何も考えずに仕事をしていることを、自ら暴露しているようなものでしょう。

そんな経営トップのもとでは働きたくないと思われても仕方ありません。

汎用スキルの育成・活用に積極的に取り組めば、「あの企業（組織）で働けば汎用スキルが高まり、いろいろな企業や職場で活用でき成果が上げられる」という評判も自然と生まれてきます。

その結果、良い人材も集めやすくなり、パフォーマンスも必然的に高めやすくなるのです。

第3章 まとめ

「人材の提供価値」を変革する

☑ 企業や組織が提供する価値を変化させる

・差別化できるケイパビリティを構築する

・ケイパビリティ＝

個人のパフォーマンスの総和×組織の仕組み

☑ 現実と理想の個人のスキルを洗い出すことが重要

・個人の５大スキルを可視化する

（知識・技能・思考力・対人力・マネジメント力）

・企業が必要な機能を個人のスキルまで落とし込む

・足りないスキルをピンポイントで補う

☑ 個人のパフォーマンスを最大化する

・個人のモチベーションを高める

・個人の価値観と組織の価値観の重なりを大きくする

・個人のスキルをベースに業務を組み立てる

・個人のスキルを汎用化し活用の場を広げる

・個人の汎用スキルの育成を支援する

第4章

意思決定のやり方を変える

変革する戦略③「モノ」の変革

オペレーションを左右する意思決定は複雑化している

▼オペレーション変革の鍵は「ベスト・デシジョンメイキング」

企業経営におけるオペレーションの重要性が、以前にも増して高まっていることは第1章で述べたとおりです。第3章で触れた「ケイパビリティ」の差が、企業間の競争や収益性に大きな影響を与えていることに加え、デジタルテクノロジーの急速な進化・浸透がこの動きに拍車をかけています。**企業・事業の競争優位の源泉は、戦略からオペレーションへと確実にシフトしています。**

よって、運営に必要なすべての「モノ」を適切に動かしながら、オペレーションを最適化し、ビジネスを拡大して収益を上げていくことは、経営トップにとって重要な責務でしょう。

オペレーション トランスフォーメーションの大きな鍵をにぎるのは、迅速かつ的確な意思決定であり、私はこれを「**ベスト・デシジョンメイキング（最良の意思決定）**」と呼んでいます。日々の事業運営や企業活動における経営トップの時間の大半は、意思決定（デシジョンメイキング）に費やされているのではないでしょうか。

企業や事業の方向性を左右するような大きな事案から、非常に些細なものまで、経営トップは毎日膨大な数の意思決定を行ない、オペレーションを推進しているはずです。

そこで、このベスト・デシジョンメイキングを適切に行なうことができれば、経営トップの提供価値は大きく高まり、収益の拡大や個人の心の豊かさの実現にもダイレクトにつながることは間違いありません。

しかし、経営トップにとっての意思決定はますます複雑化し、難しくなっています。

それは、事業環境や競争環境が大きく変化し、複雑になっているからです。

意識しなければならない競合は、業界を超えて広がっています。また、利害を調整する必要のある関係者やステークホルダーの数も増えており、様々な意見や要求に対応しなければなりません。

こうしたなか、従来のやり方を踏襲する意思決定だけでは、企業運営はうまくいきません。従来よりも格段に多様化した判断材料を考慮しながら、判断を行なっていくことが求められているためです。

また、事業環境や競争環境が複雑化した結果、意思決定のもたらすインパクトは増大しています。意思決定に基づく行動が会社や組織にもたらす影響は大きく、判断を誤った際に企業が抱えるリスクは増加しています。これについては、様々な場面で企業のトップが謝罪を迫られるような局面に追い込まれていることからも、経営トップは自分事として実感できるでしょう。

意思決定の複雑化が進み、もたらすインパクトが増大するなか、スピーディーで適切なベスト・デシジョンメイキングを行なわなければならないのです。こうした背景もあり、意思決定に関する研究は、経営学の現場においても活発に行なわれています。

▼意思決定と認知バイアス

意思決定では通常、次ページの図のようなプロセスをたどります。

このプロセスの場合、適切な意思決定を行なう目的は、「どうすれば間違えずに正確な意思決定ができるのか？」ということにあります。
よって、経営トップが意思決定を行なう際に持つ様々な「認知バイアス※」の仕組みが解明され、「認知バイアスを持たないようにする」あるいは「バイアスを克服する」方法が研究されています。

■意思決定のプロセス（従来形）

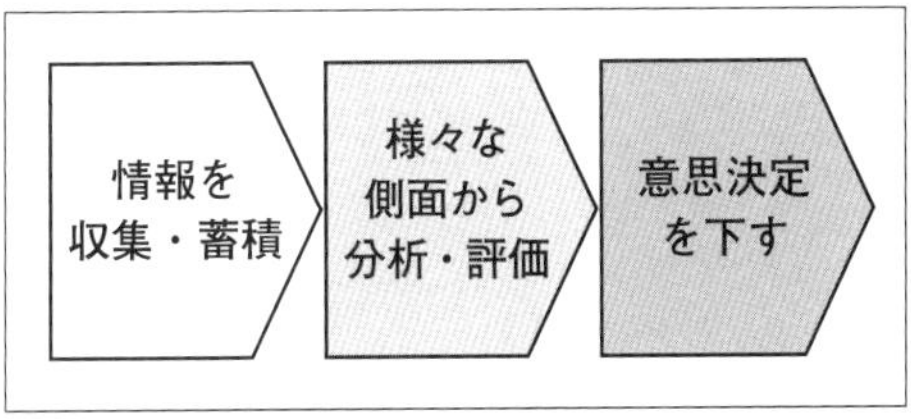

認知バイアスとしては、ある対象が持つ顕著な特徴に引きずられて、他の特徴を過少評価してしまう「ハロー効果」や、一度頭にある姿を描いてしまうと、新しい情報が得られても、最初に描いた姿から離れられなくなる「代表性バイアス」、自分の仮説や信念を検証する際に、都合の良い情報ばかりを集める「確証バイアス」、成功は自分の手柄や個人的要因に帰属させ、失敗は周りの責任や状況的要因に帰属させる「自己奉仕バイアス」などが有名です。

経営トップは、こうした様々な認知バイアスを認識し克服することで、ベスト・デシジョンメイキングができると考えられています。

※認知バイアス
人が物事を判断するときに、個人の常識や周囲の環境などの要因によって非合理な判断を行なってしまう偏向（先入観）

意思決定時に経営トップが抱えるジレンマ

▼バイアスを意識しすぎるとベスト・デシジョンメイキングができなくなる

認知バイアスを克服し、意思決定を間違えないようにすることは、たしかに重要でしょう。しかし、ここには大きな落とし穴があります。

「意思決定に際しては、いろいろな情報や意見に気を配ろう」
「認知バイアスに惑わされずに、間違えないようにしよう」

このように考えれば考えるほど、意思決定までに要する時間が長くなってしまうのです。
これは「現状維持バイアス」※が働くことも一因です。

※現状維持バイアス
大きな変化や未知のモノを避けようとする偏向（先入観）

■迅速な意思決定を阻害するジレンマ

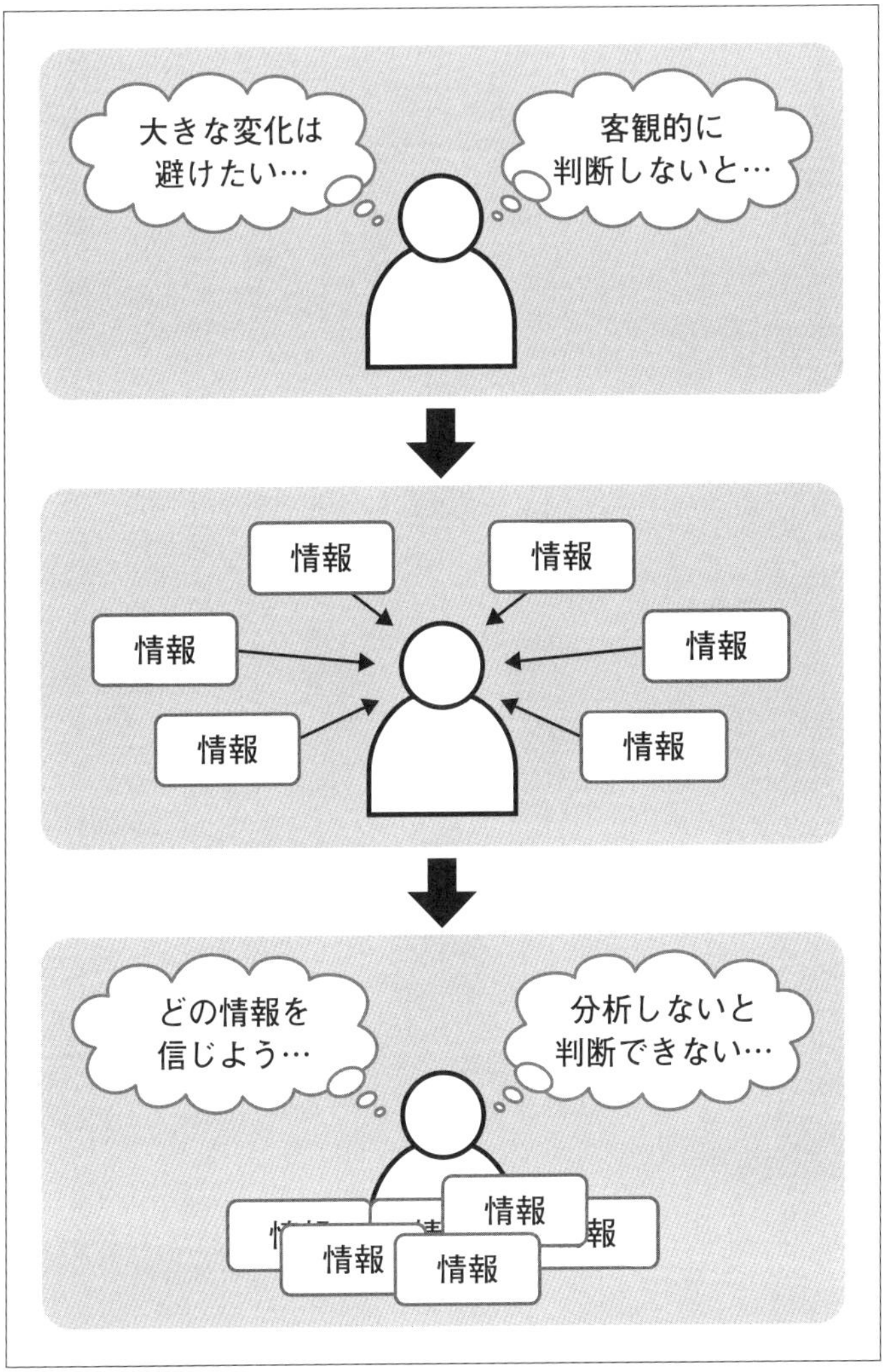

経営トップが変われない原因としてよく取り上げられるのが、この現状維持バイアスです。意思決定に際し認知バイアスを意識しすぎると、間違えることが怖くなります。その結果、様々な情報を入手し、客観的に判断しようとするようになります。

当然ながら、情報収集や分析・評価に要する時間は、これまでよりも長くなります。また、情報量が増えることで、様々な対立する意見や情報も耳に入ってきます。認知バイアスを認識・意識していない状態ならば簡単に判断できたことを、対立した意見や情報も踏まえ、より慎重に意思決定をしなければならなくなります。

そのため、意思決定後の変化のメリットと同時に、デメリットにも、事前に考えが及ぶようになるでしょう。

こうした思考を重ねるなかで、現状維持バイアスがかかり、ベスト・デシジョンメイキングができなくなってしまうのです。

これでは、ビジネスの現場においては本末転倒です。

変革は何も進まず、経営トップはじゅうぶんな成果を上げることができません。

▼間違えることを前提とした意思決定

そこで、経営トップはマインドを180度転換する必要があります。

それは、**「間違えず正確に意思決定する」**から、**「意思決定を間違えても、大きな悪影響が生じないようにする」**へのマインドチェンジです。

複雑で先が見えず予測不能なビジネス環境の中で、常に正しい意思決定を行なうことは不可能でしょう。

どんなに優れた経営者でも、判断を誤り間違った意思決定を行なうことはあります。むしろ、優れた経営者ほど、成功よりも失敗の数のほうが圧倒的に多いことを自ら公言しています。

これは言い換えると、「正しい意思決定よりも、間違った意思決定のほうが圧倒的に多い」ということにほかなりません。

間違いを恐れて、意思決定に膨大な時間をかけてしまう事態や、結局先延ばしする事態に陥ることのほうが問題なのです。

それならば、多少間違えても大きな悪影響が出ない状態をつくることのほうが、より有益だと言えます。

間違えても大きな影響が出なければ、意思決定をスピーディーに行なうことができることは第1章で説明した身近な住宅購入の例（52ページ）からも明らかでしょう。

ビジネスの現場でも、このような状態をつくり上げていくことが求められます。

これからは、意思決定を間違えないようにするのではなく、ある程度間違えることを前提とする。これが、いま必要なベスト・デシジョンメイキングの考え方なのです。

そのために、スピーディーに意思決定できる環境を整え、間違えたときの影響を小さくするための備えを行なっておくのです。

危機が頻繁に訪れる可能性のある、VUCA時代の企業経営では、このほうが現実的であり、結果として損失を抑え、収益を最大化することができることを、経営トップは認識しておくべきです。

やり直しがきく意思決定環境をつくっておく

▼なぜ間違いが許されないのか？

「間違えても大きな影響が生じないようにする」ための具体的な方策を考えるうえでも、まずは「なぜ間違いが許されないのか？」という、誤った意思決定がもたらす影響を深掘りしてみることが大切です。

「なぜ間違えられないのか？」を突き詰めていくと次の2つの考え方にたどり着きます。

① 間違えたらやり直しがきかない
② 間違いは直ちに損失につながる

1つは、間違えたらやり直しがきかないという考え方です。ビジネスの現場において、意思決定は実行を伴います。実行することで、多くの人を動かします。これは社内に限ったことではなく、顧客や取引先など広範に影響が及びます。

したがって、一度決めてしまうと簡単にやり直しがきかないため、間違えることができないと考えるようになるわけです。

もう1つは、間違いは直ちに損失につながるという考え方です。

この損失の象徴が、「サンクコスト（埋没費用）」です。

サンクコストとは、すでに事業や物事に投下し、回収不能なコストのことを指します。

通常、経営学の授業などでは、「意思決定においてはサンクコストを考慮してはならない」と教わります。すでに発生して回収できない（もとに戻らない）コストであるから、今後の意思決定とは切り離すべきだ、ということです。

しかし、ビジネスの現場では、サンクコストは意思決定に大きな影響を及ぼします。

「これだけ投資したのだから、いまさら、あとには引けない」

「ここまでやってきて、ここであきらめてやめるなどありえない」

こうした話は、至るところで起きているのです。

それならば、「サンクコストは無視しろ！」と理論家のようにただ言うのではなく、損失も考慮に入れた、ベスト・デシジョンメイキングを考えるほうが現実的です。

▼間違えても困らないようにする

この経営トップの2つの考え方（思い込み）は、大きな示唆を与えてくれます。

逆にとらえれば、次の2つが極めて重要だということです。

> **① やり直しがきく状態をつくる**
> **② 間違えた場合の損失が小さくなる状態をつくる**

最初の「やり直しがきく状態をつくる」ことを実際のビジネス現場でうまく取り入れているのが、A／Bテストです。

■A／Bテストを使用したやり直しがきく意思決定

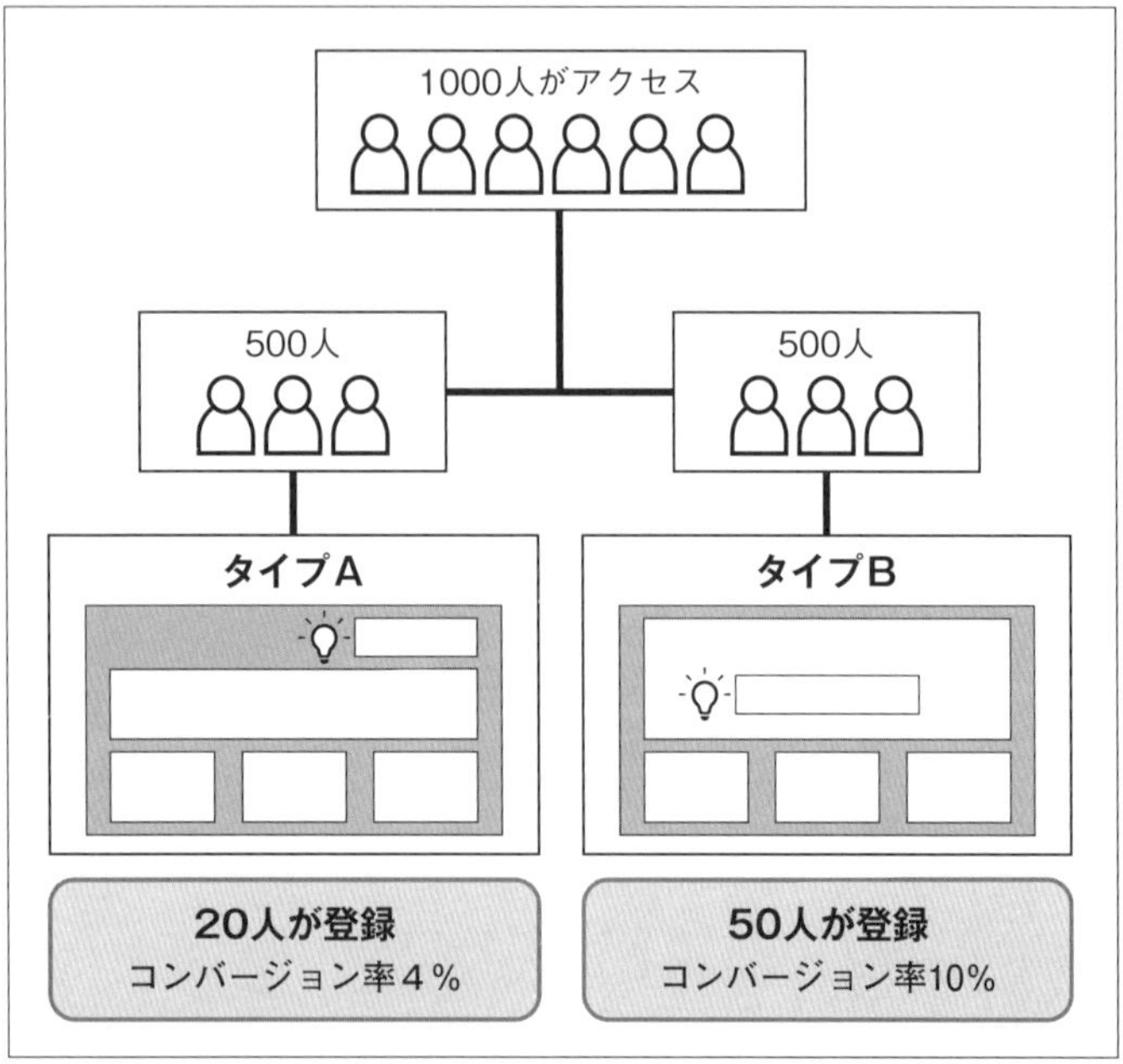

A／Bテストとは、インターネットマーケティングで使われる手法です。

具体的には、まず、2つのウェブページをランダムに顧客に表示します。

そして、コンバージョン率※やクリック数など、顧客の反応を確かめ、より良かったウェブページを正式に採用して掲載する、というものです。

なお、その後のウェブページの評判が悪ければ、選んだウェブページの採用は間違いだったことになります。

※コンバージョン率

ウェブサイトを訪れたユーザーのうち、コンバージョン(サイトで獲得できる成果)にどれほど至ったかを示す指標

A／Bテストを行なえば、2つを実際に比較してもらって良いほうを採用できるので、間違えたウェブページをつくってもやり直しがきくというわけです。

こうした考え方は、インターネットに限らず、様々な意思決定において有益です。もう1つの「間違えた場合の損失が小さくなる状態をつくる」ためには、柔軟性のあるオペレーション構造をつくり上げることがポイントになります。

第2章で説明したように、固定的で転用できないコストに対する支出をできる限り少なくすることは、柔軟性のあるオペレーション構造の代表例です。また、第3章で説明した社員（個人）の汎用スキルの強化によって、社員が様々な業務に柔軟に対応できるようになれば、戦略や業務のやり直し・軌道修正もすばやく行なうことができ、意思決定を間違えても損失を小さくすることができます。

つまり、本書で提唱する3つの変革を行なうこと自体が、意思決定を間違えた場合の損失を小さくするのです。

ケーススタディ

新しいビジネスの立ち上げ時の目標設定

意思決定を間違えた際に生じる損失の典型的なケースとして、打った施策によって狙った効果が思うように上がらない状況が挙げられます。

新しいビジネスを立ち上げて、肝入りの販売施策を実施し、翌年には目標の利益を上げる想定だったにもかかわらず、翌年になっても一向に利益が出る目処が立たない、といった状況です。

こうした状況に直面した際、目標とした利益を上げることだけを効果として設定していれば、施策を間違えた損失が大きくても、「いまさら、あとには引けない」と、そのビジネスを継続してしまいます。

しかし、新しいビジネスの立ち上げや販売施策の実施を期間ごとにステップとして区切り、ステップごとに「別の目的（狙う効果）」を設定することができれば、損失を小さくすることができます。

例えば、販売施策の実施を通じて、人材の育成、既存事業の業務プロセスの効率化、社員の意識の変革、硬直化している組織の改変、属人化していた担当業務の排除・見直しといった、別の目的を期間ごとに達成できるよう、他の施策・打ち手を実行する意思決定も行ない、同時に進めるのです。

こうすれば、仮に販売施策が狙いどおりに進まず、利益が生み出せなかったとしても、別の目的は達成できます。意思決定の間違いに気づいて、仮に販売施策を打ち切り、利益が目標に到達しなくても、他の効果がじゅうぶんに得られていれば、トータルでの損失はずっと小さくなります。

このように、意思決定に際しては、判断・評価の内容そのものよりも、「間違えても大丈夫な仕組みをつくり上げて整備すること」こそが、これからのニューノーマルの時代においては重要となるのです。

「サイクル型」の意思決定プロセス

▼意思決定のやり方を抜本的に見直す

間違えない意思決定から、間違えても影響を最小限に抑える意思決定に転換するためには、事業運営における意思決定のやり方を抜本的に変える必要があります。

これまでの**「情報の収集と分析・評価」をもとにした「線形の意思決定プロセス」から、「見直しを行なう仕組み」をもとにした「サイクル型の意思決定プロセス」に変える**のです。

具体的には、次の2つの仕組みを整えることにまずは力を注ぎます。

①　間違えても影響が最小限に抑えられる環境をつくる
②　重要な意思決定の種類・内容と判断軸を定義しておく

そのうえで、意思決定のプロセスを199ページの図のようにサイクル型に変えていくのです。

▼意思決定を見直す仕組みの構築

私たちは、日々あらゆる意思決定を行なっています。

「いま起きようか、あと5分寝ようか」
「今日は何の服を着ようか」
「ごはんとシャワーのどちらを先にしようか」

このように、日常生活においても、つねに意思決定を繰り返しています。

一説によると、人は一日に3万5000回も意思決定を行なっているという研究結果も存在します。これだけ多くの意思決定を行なっていれば、すべてに意識を集中させることは難しいでしょう。

そんなことをしていたら、意思決定のことを考えるだけであっという間に一日は終わってしまい、何も行動することはできません。

そこで、経営トップは、意思決定の種類・内容・判断軸を掘り下げ、構造を理解したうえで、重要な意思決定に集中します。

意思決定を掘り下げていくと、結局はシンプルなものにたどり着きます。このシンプルな意思決定に意識を集中することが重要です。

そのうえで、意思決定のプロセス自体を次ページの図のようにサイクル型に変えるのです。

意思決定を見直すことをあらかじめプロセスに組み込んでおくことで、よりスピーディーで、かつ柔軟な意思決定が行なえるようになります。

こうした仕組みとプロセスを構築することで、経営トップは危機に迅速に対応し、変化を自ら生み出すことができるようになるのです。

■意思決定のプロセスを変革する

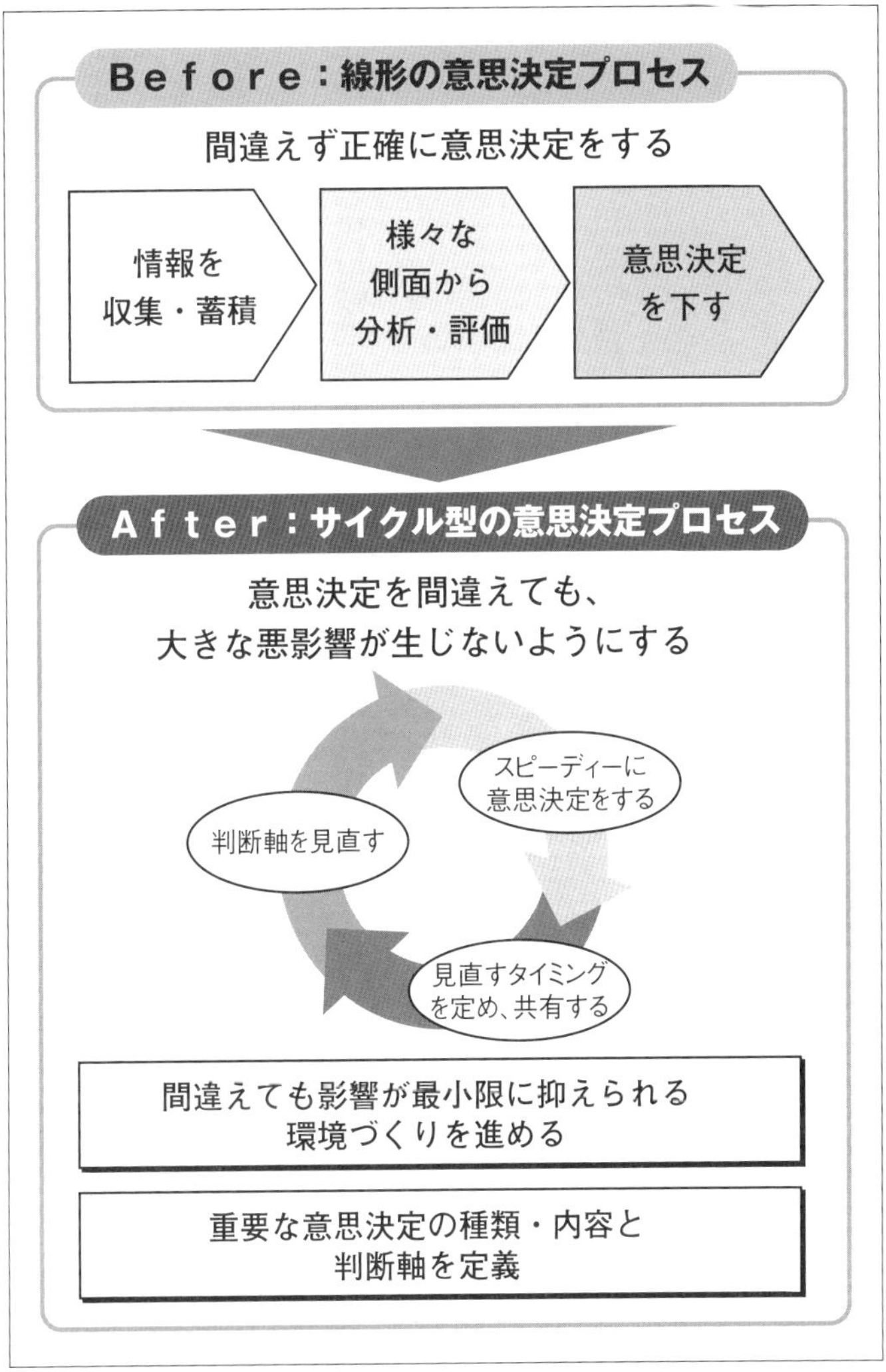
Before：線形の意思決定プロセス
間違えず正確に意思決定をする
情報を
収集・蓄積
様々な
側面から
分析・評価
意思決定
を下す
After：サイクル型の意思決定プロセス
意思決定を間違えても、
大きな悪影響が生じないようにする
スピーディーに
意思決定をする
判断軸を見直す
見直すタイミング
を定め、共有する
間違えても影響が最小限に抑えられる
環境づくりを進める
重要な意思決定の種類・内容と
判断軸を定義

間違えても影響が最小限に抑えられる環境をつくる

▼「モノ」の柔軟性を同時に高めることが必要

経営トップは自身の意思決定に基づき、企業が保有するすべての「モノ」を動かし、オペレーションを実行します。

意思決定の見直しを行なうタイミングや、その際に重視する判断軸が明らかになっていれば、意思決定が変わっても大きな混乱は生じません。

もし、意思決定が間違っていたとわかれば、もとに戻すか、次の新しい姿を目指せばよいからです。

このように柔軟な意思決定を行なえるようになれば、事業運営はよりスピーディーに行なうことができ、収益の向上や個人の心の豊かさの実現にも確実にプラスに作用するはずです。

ただし、意思決定の見直しが多くなるということは、それだけオペレーションの見直しや変化も発生することになります。当然のことながらオペレーション、ひいては事業運営にかかる負荷は高まります。

意思決定が高度化しても、オペレーションの実行が伴わなければ意味はありません。企業の変革も進まず、危機に対応して収益を増やすことも個人の豊かさを実現することもできないでしょう。

柔軟な意思決定を行なうためには、**事業運営にかかわるすべての「モノ」の柔軟性も同時に高める**ことが必要なのです。

ここで重要になるのが、第2章で説明した「コスト構造の変革」、第3章で説明した「人材の提供価値の変革」なのです。

企業のコスト構造については、資産が特定の事業やサービスだけにしか利用できないものになっていれば、意思決定の見直しにより、使えなくなる（無駄な）コストが発生します。しかし、コスト構造を柔軟にコントロールでき、資産の転用ができる構造になっていれば、意思決定が変わっても、資産を柔軟に活用し続けることができます。

また、人材の汎用スキルを高めることで、社員が様々な役割・業務に対応することができるようになっていれば、意思決定の見直しによりオペレーションが変わり、担当する業務やアサインメントが変わっても、比較的容易に対応することができます。その結果、意思決定の変更を早期にオペレーションの変更につなげることができます。

これにより、意思決定の見直しによる影響を最小限に抑えることができるでしょう。

▼間違えた意思決定から学習する

このように、コスト構造の変革、人材の提供価値の変革、意思決定の変革は相互に関連しており、そのうち1つでも抜けてしまうとうまく機能しません。**3つの変革をセットで進める**ことが重要なのです。

また、意思決定については、うまくいった意思決定と誤った意思決定を明らかにしておくことが重要です。

「線形の意思決定プロセス」から、見直しを行なえる仕組みを組み込んだ「サイクル型の意思決定プロセス」に変えることの一番の効果は、意思決定をやりっ放しにしない環境をつくることができることです。

サイクル型の意思決定プロセスの場合、意思決定を見直すタイミングで、前回の意思決定の結果をチェックするようになります。

見直しを行なった結果、その意思決定が間違いだったことに気づくこともあるでしょう。そうなれば、次の意思決定に活かしていけばよいのです。間違った意思決定から学べることもたくさんあるはずです。

サイクル型の意思決定プロセスの中で意思決定を高度化していくことができれば、意思決定の精度は高まります。

同時に、経営トップ自身のマインドや行動変容にもつながるので、経営トップとしてのスキル自体も高めることができるのです。

意思決定の種類と内容を理解する

▼ビジネスの根幹となる意思決定とは？

オペレーションの変革や事業運営における意思決定は様々です。すべての意思決定にじゅうぶんな時間を割いている余裕はありません。そこで、意思決定のプロセスを抜本的に組み替えるためには、重要な意思決定の種類や内容を理解し、そこに意識を集中させる必要があります。

重要な意思決定がどのようなもので、その判断軸がどうなっているかをつねに理解できていれば、意思決定やその見直しが行ないやすくなります。

では、戦略やオペレーション上の重要な意思決定とはどのようなものでしょうか。

▼根幹となる意思決定は「シンプル・イズ・ベスト」

ビジネスは突き詰めていくと、「新しいことを始め、選択をしながらリソースを動かし、実行し、そしてやめる」ことの繰り返しだと言えます。そのためのオペレーションを構築し、業務内容と業務プロセスを定め、事業運営を進めているのです。

このビジネスの根幹を決めることこそが、事業・組織運営のベースとなる重要な意思決定となります。経営トップの重要な意思決定は次の4つに分類できます。

①何をやるか／やらないかを決める
②いつやるか（始めるか）を決める
③やることの内容を決める
④続けるか／やめるかを決める

この4つの大きな枠組みが、まず企業あるいは事業全体のレベルで意思決定され、次に企業や事業を構成する要素（組織や機能）ごとに意思決定がより詳細なレベルで行なわれ

■意思決定の根幹となる４つの基本構造

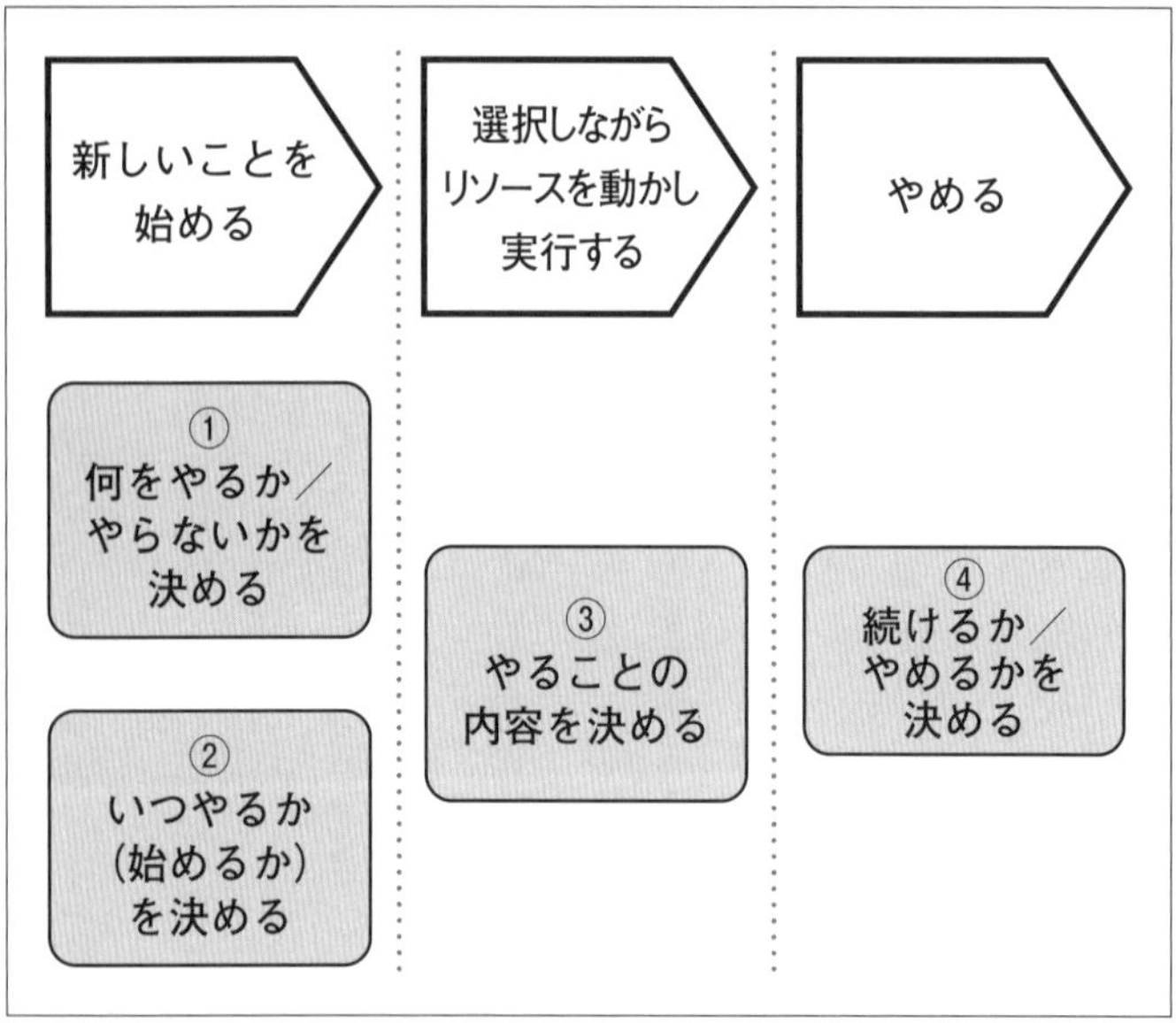
新しいことを始める
選択しながらリソースを動かし実行する
やめる
①何をやるか／やらないかを決める
②いつやるか（始めるか）を決める
③やることの内容を決める
④続けるか／やめるかを決める

ていきます。そして最終的には、それぞれの担当者の業務レベルまで落とし込まれていくのです。

このように、意思決定はとてもシンプルな構造になっています。意思決定の根幹となる基本構造を押さえることがまずは重要です。

それでは、重要な意思決定について順番に見ていきましょう。

重要な意思決定①
何をやるか／やらないかを決める

ビジネスや事業運営は、最初に何をやるか（やること）を決めることがスタートとなりますが、意思決定においては、その前段階がさらに重要なのです。

まずは、「やらないこと」を決めます。

なぜなら、変化の激しいビジネス環境の中では、**やらないことを定めることにより、検討や意思決定の範囲を絞り込むことができる**からです。

また、今回のコロナショックのような危機が訪れうる現代においては、つねに新たな意思決定の場面に遭遇します。その都度、やることを一から考えていては大変です。

そこで、やらないことをあらかじめ決めておけば、選択肢も少なくなるので意思決定をより迅速に行なうことができるようになるというわけです。

経営トップには、つねに実行力が求められています。したがって、自然とやることに意識や注意が向きがちです。しかし、実行できることには限りがあります。実行力を高めるためには、あえて最初にやらないことを決めておくことが、結果的にスピーディーな事業・組織運営につながるのです。

そのうえで、やらないことを明文化したリストを作成し、できれば組織のメンバー間で共有しておくことが効果的です。

大きな意思決定を行なうときや判断に迷ったときに、そのリストを見返すようにすれば、意思決定のスピードと一貫性を高めることができます。

次ページに「やらないことの明文化」の例を示しておきますので、それを参考にして、あなたの会社のやらないことのリストを作成してみてください。

[Work] やらないことの明文化

例 示

絶対やらないこと

・顧客の信頼を裏切るような企業活動を行なう

・利益重視により従業員に過大な負荷がかかる業務を推進する

・自社の強みがない領域に単独で参入する

・環境負荷を高めるオペレーションを推進する

・準備期間を長く要する新規事業を行なう

できればやらないようにすること

ワーク

絶対やらないこと

・

・

・

・

・

できればやらないようにすること

重要な意思決定②

いつやるか（始めるか）を決める

次に、「いつやるか（始めるか）」の意思決定です。

これについては、いまのビジネス環境で成果を上げていくためには「できる限り早くやる」ことを徹底する必要があります。

変化の激しい世の中においてスピードが重要なことは、もはや言うまでもありません。

できる限り早く始めることを主眼に置いて、意思決定を組み立てていくことが重要です。

しかし、この点については、次のような反対意見もあるかもしれません。

「ビジネスにおいてはタイミングこそが重要だ」

「必ずしも早く始めることが良いとは限らない」

実際のところ、ビジネスにおいて実行するタイミングは極めて重要です。せっかく良い企画や事業構想を描いても、タイミングが早すぎたためにうまくいかなかったケースは枚挙にいとまがありません。

しかし、間違えることを前提とする、これからの意思決定においては、次のサイクルをこまめに実施しながら、スピーディーに意思決定を繰り返し、実行のチェックをかけていくほうが有効です。

まず始める ➡ 続けるか／やめるかを見極める ➡ 見直す

もし、始めた後に早すぎたと判断すれば、すぐにやめればよいのです。

ビジネスの現場では、「アジャイル」（56ページ）がキーワードとなって久しいですが、意思決定の現場においてもアジャイルの考え方は有効です。

早く始めることを重視して、大胆な行動変革を進めることが、これからの経営トップには求められているのです。

重要な意思決定③
やることの内容を決める

▼意思決定を難しくする要因

次に、意思決定の根幹となる、「やることの内容」を決める方法について見ていきます。オペレーションや事業運営とは、製品やサービスをどのように顧客に届け、価値を生み出していくかを考えることです。

したがって、やること（内容）の意思決定においては、「何を誰がどのようにやるか？」が重要となります。

やることの内容を決める意思決定は、「選択する」ことが最大のポイントとなります。なぜなら、選択肢が1つしかない場合や、答えが1つしか浮かばない場合、意思決定に頭を悩ませる必要はありません。意思決定は極めてシンプルだからです。

■経営トップを悩ませる2つの選択

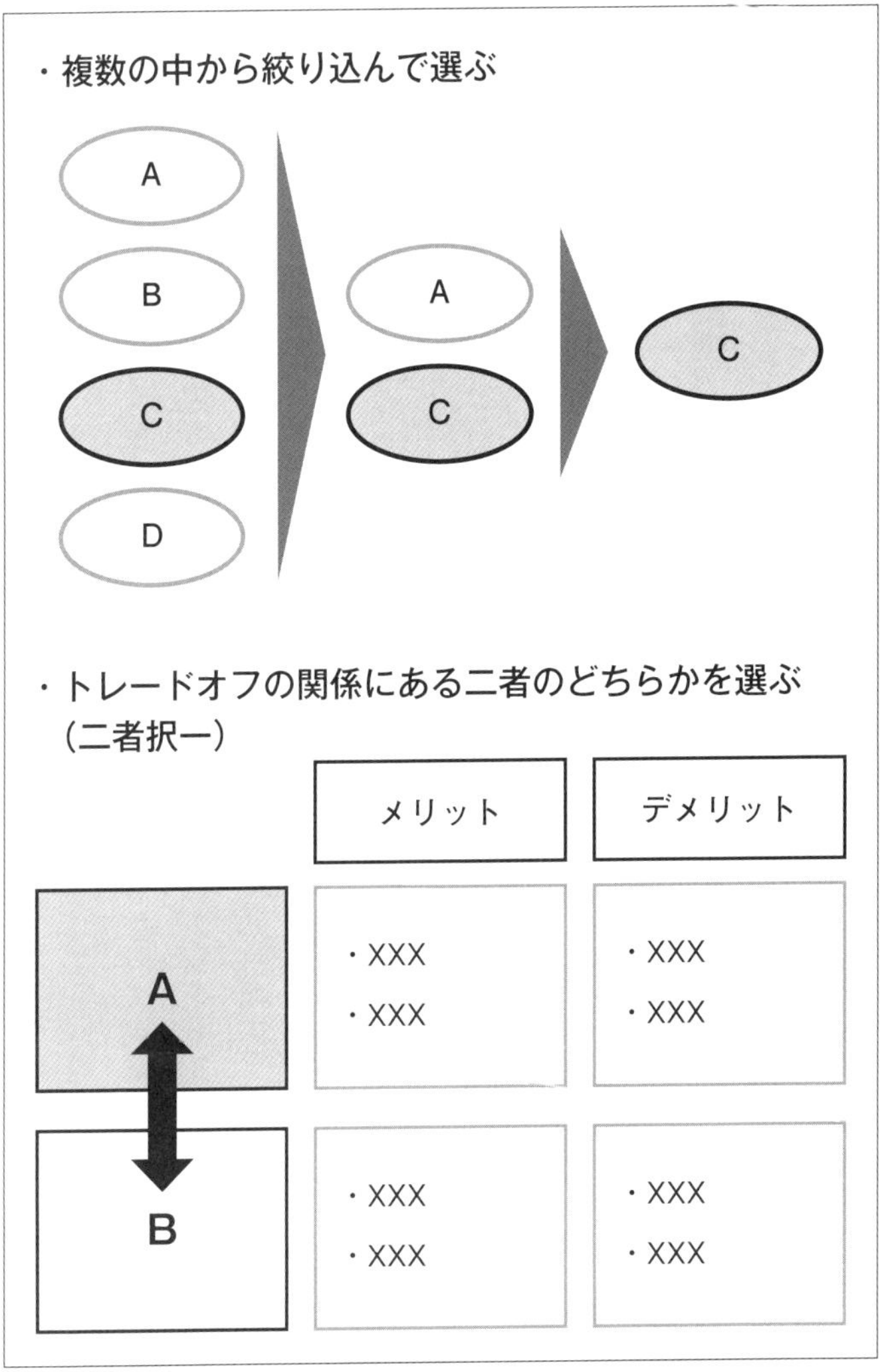

一方、意思決定が難しくなるのは、何らかの選択をしなければならないケースです。

それでは、ビジネスにおける重要な選択とはどのようなものでしょうか。

オペレーション上の意思決定を深掘りしていくと、様々な意思決定（選択）の中でも、特に前ページに示した「**複数の中から絞り込んで選ぶ**」と「**トレードオフ**※**の関係にある二者のどちらかを選ぶ（二者択一）**」の2つが経営トップの頭を悩ませているものだとわかります。

例えば、「複数の中から絞り込んで選ぶ」という選択は、「誰を担当者にするか？」、「取引先として、どこの会社を選ぶか？」といった意思決定を迫られた場合に必要となります。

通常はいくつかの選択肢があり、その中から絞り込みを行ないます。その絞り込みこそが難しく、意思決定を難しくしています。

▼トレードオフの選択

もう1つの「トレードオフの関係にある二者択一」は、戦略・オペレーション上、必ず議論の中心となる難しい意思決定です。

※トレードオフ

何かを達成するためには、何かを犠牲にしなければならない関係のことビジネスの現場における代表的な二者択一は、次のとおりです。

- **自社でやるか／他社に任せるか？**
- **集中させるか／分散させるか？**
- **標準化するか／カスタマイズするか？**
- **統制を重視するか／自律を重視するか？**
- **自分の考えを優先するか／他者の考えを優先するか？**

経営トップは、意識しているかどうかは別として、こうしたトレードオフの関係にある項目に対し、何らかの判断軸をもとに意思決定を行なっています。

間違えても見直しができる意思決定プロセスに変革するためには、**自分の事業・組織運営やオペレーション上の「重要な選択」には、どのようなものがあるかを次ページの図のように洗い出し、具体的に記載（リスト化）しておく**ことが重要です。

通常、判断や意思決定自体に時間をかけることはあっても、「重要な選択」の中身について、時間をかけて深く考えてみることはないでしょう。選択の中身に目を向けないのは、

[Work] リスト化して重要な選択肢を洗い出す

例示

複数の中から絞り込む	トレードオフの選択
・アライアンスパートナーとしてA社、B社、C社のどこを選ぶか？ ・販売チャネルをどこまで広げるか？ ・次の事業部門トップに誰を任命するか？ ・社内の誰の意見に従うか？	・新しいオペレーションを自社で行なうか、他社に委託するか？ ・社内システムの切り替えを行なうか、これまでのシステムを改修して使い続けるか？ ・社員のスキル育成と、今期の収益目標達成のどちらを優先するか？ ・部下の意見を尊重するか、上司の意見に従うか？

ワーク

複数の中から絞り込む	トレードオフの選択
・ ・ ・ ・	・ ・ ・ ・

本当にもったいないことだと私は感じています。

意思決定の基本構造を理解することで意思決定の質を高めるのと同様に、重要な選択も明らかにすることで、意思決定は格段に進めやすく、成果も上げやすくなるはずです。

重要な選択を意識しておくだけで、意思決定の質を高めることができるのであれば、もっとも実践的な打ち手と言えるでしょう。ここで、前ページの事業・組織運営やオペレーション上の重要な選択肢の一例を参考にしながら、あなたの会社における重要な選択肢を洗い出してみてください。

重要な意思決定④
続けるか／やめるかを決める

最後に、続けるか／やめるかの意思決定です。

改めて述べるまでもなく、経営トップにとって「やめる」という意思決定は、非常に重要で難しいものです。

やめる意思決定には、前に触れたサンクコストのように、損失を伴う難しさもありますが、それに加えて感情的な要素も加わってくるためです。

この代表例は、前任者に対する否定でしょう。内容の善し悪しにかかわらず、とにかく前任者が決めたことを打ち消すこと自体が目的となり、やめることを前提にした意思決定が行なわれることは、ビジネスの現場ではよく見られることです。

逆のケースも同様に見られます。前任者に気をつかい忖度《そんたく》するあまり、本来は続けるべきではないと思っていても、やめるにやめられないといった状況も、私は数多く目にしてきました。

当然ながら、こうした本質的ではない要素に左右されることは避けるべきです。

これまでに述べてきた、間違えても影響を最小限に抑える意思決定を実践することで、サンクコストは以前より格段に小さくできるはずです。結果として、やめる意思決定も合理的に行ないやすくなります。

意思決定に際しては、具体的には次の2つのポイントを実践することが効果的です。

① 見直しのタイミングをあらかじめ定めておく
② 重視する判断軸を定期的に見直す

意思決定を見直すタイミングがなければ、やめる判断はできず、続けるしかなくなります。一方、見直すタイミングが増え、その際の判断軸が明確に変化すれば、これまで正しいと思えていたことが、正しくないと思える場面が増えるはずです。必然的に、やめるという意思決定は増え、かつ、その意思決定も自然な形で行なうことができるのです。

重視する判断軸を定期的に見直す

▼正しい意思決定は変化していく

複数の中からの選択やトレードオフの選択を行なう際に、頭の中で何をしているのでしょうか。通常は、次の3つです。

1. いくつかの判断軸を定める
2. その判断軸で選択肢を評価する
3. 選択肢の優劣がつかない場合、もっとも重視する判断軸をもとに意思決定を行なう

215ページで取り上げた「自社でやるか/他社に任せるか?」を例にとると、意思決定に際し次のようなことを行なっているはずです。

①　発生する費用、期待できる効果、実現までの期間、実現の難易度といった、判断に必要な要素（判断軸）を洗い出す
②　要素ごとに、自社で行なった場合の評価（メリット・デメリット）と、他社に任せた場合の評価（メリット・デメリット）を調べる
③　双方のメリット・デメリットを見比べて、どの要素をもっとも重視するかを決め、意思決定する

これまでは、情報を収集し検討・評価することに時間と労力をかけ、間違えないよう慎重に意思決定を行ない、一度決めたらその決定を維持するやり方でした。

しかし、これからの意思決定は、やり直すことが前提となります。

こうした意思決定をするときのポイントは、検討・評価に時間をかけるのではなく、「**重視する判断軸を定期的に見直す**」ことです。

なぜ重視する判断軸を定期的に見直す必要があるかと言えば、ビジネスを取り巻く環境

■意思決定を見直すサイクル

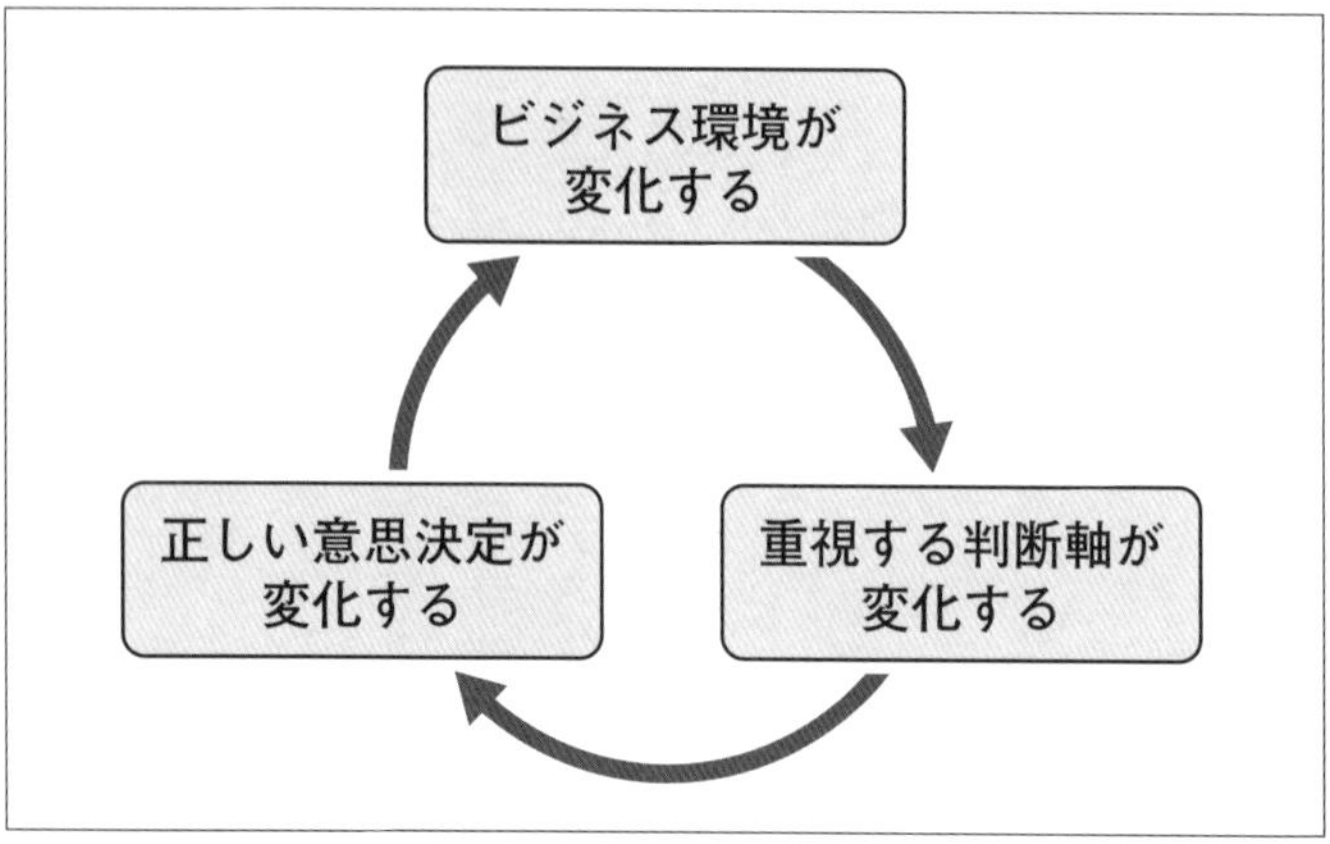
ビジネス環境が
変化する
重視する判断軸が
変化する
正しい意思決定が
変化する

が急速に変化するからです。

環境が変化すれば、当然ながらビジネスで重視する項目も変わります。コロナショックが起きる前と後では、ビジネスのパラダイムが大きく変わったことは、みなさんも記憶に新しいでしょう。これまでは正しいと思っていた判断軸が、まったく意味をなさなくなることもあります。

判断軸が変わってしまえば、それに応じて意思決定も変える必要があります。すなわち、上の図のようなサイクルにより、意思決定も見直しが必要になるのです。

▼重視すべき2つの判断軸

では、肝心な重視すべき判断軸には、どのようなものがあるでしょうか。

経営トップの意思決定における判断軸には、2つの側面があります。

1つは、「**論理的・客観的情報から導かれる冷静な判断軸**」です。

代表的な例で言えば、次のようなものが、冷静な判断軸にあたります。

- 効果の実現性を重視する判断軸
- 効果の大きさを重視する判断軸
- 効果が創出されるスピードを重視する判断軸

もう1つは、「**自らの意志から導かれる情熱の判断軸**」です。情熱の判断軸の詳細は次節で説明しますが、私は冷静と情熱の2つの判断軸を自分の中でバランス良く活用して意思決定をすることが、経営トップの資質として極めて重要になると考えています。

判断軸を適切に定めたうえで、重視する判断軸を定期的に見直すことができれば、意思決定自体も定期的に見直すことになり、結果的に望ましい意思決定ができるようになるのです。

価値観に沿った意志をもとに意思決定をする

▼複雑な世の中では意志・情熱が鍵を握る

これまでの意思決定においては、できる限り客観的な情報をもとに冷静な判断軸を設定することが重要でした。

これは、間違えない意思決定を行なうことが前提となっていたためです。

間違えない意思決定を行なうためには、様々な認知バイアスによる影響を取り除く必要があることは、前に述べたとおりです。バイアスに影響されないためには、客観的で冷静な判断が重要となっていたわけです。

しかし、間違えることを前提とした、見直しを行なう意思決定においては、重視する判断軸も変化します。

これからは、**冷静と情熱の双方**が重要です。特に、「ここぞ！」という局面では自らの意志に基づく意思決定が大切になります。

明確な答えがあることが前提の下では、その答えが正しいことを丁寧に論理的に説明すれば、全員を納得させることができます。意思決定において合意を得ることは比較的容易です。

一方で、複雑で明確な答えのないことが前提の下では、どんなに評価を重ねて意思決定を行なったとしても、その意思決定に対し疑念を持つ人が現われます。つまり、全員から合意を得ることは難しいのです。

この代表例が、複雑な社会課題に対する政治的な意思決定です。

対立する異なる意見があるなかで、全員が納得する意思決定を行なうことは困難ですが、このような状況でも何らかの意思決定は行なわなければなりません。

そこで力を発揮するのが、信条・信念です。**意思決定にどれだけの強い意志・思いを持ち、情熱を傾けているか**が重要となるのです。

これまで、政治とビジネスの意思決定は別物とみなされ、ビジネスの現場では、客観的で冷静な意思決定だけが求められてきました。

しかし、答えが容易に見つからない事業環境の状況で、客観的な意思決定に固執していては、決まるものも決まらず、全員から合意を得ることも難しくなります。情熱こそが、これからの意思決定では鍵を握るのです。

▼情熱のベースとなるのは価値観や直観

では、自らの意志・情熱のベースとなるものは何か。

それは、「自らが一番大切にしているもの」、すなわち価値観です。

自らが大切にし、貫きたい意志をベースに意思決定を行ない、その思いを周りに伝えていくことが、これからの意思決定においては重要となるのです。

近年、意思決定における「**直観**」の重要性が叫ばれています。実際、経営学の第一線で活躍する研究者が、経営学における直観の研究を進めています。

直観がもたらす心理学など科学的根拠に立ち入ることは、本書の主旨から外れるため避けますが、私は、直観の背後には自らの意志・価値観が潜んでいると考えています。

価値観に沿って直観的に意思決定をしていくことは、いまや馬鹿げた意思決定のやり方ではなく、時代の流れに沿ったものとも言えるのです。

したがって、経営トップは、自らの価値観・意志と、それに基づく重視する判断軸を明確にし、組織全体で共有できるよう、つねに発信しておく必要があります。

ただし、こうした情熱の意思決定を機能させるには、重要な前提があります。

それは、経営トップが自らの信頼を高めていくことを重視し、そのことに時間を費やし、社内外から信頼を得ていく必要があることです。

「意思決定は、その内容の正しさよりも誰が決めたかのほうが重要である」

こうした発言をビジネスの現場でよく耳にします。

みなさんも、別の人と同じ意思決定をしているのに、自分の意思決定は非難・否定され、別の人が行なった意思決定はすんなり合意される、といった悔しい経験をしたことはないでしょうか。もしくは、逆のパターンもあるかもしれません。

「なぜ、こんなことが起きるのか?」と言えば、意思決定の善し悪しには、発言者の信頼度が少なからず影響しているためです。

したがって、信頼というベースがなければ、経営トップの情熱的な意思決定は機能せず、独りよがりなものとなってしまうのです。

信頼を得るためにも、意思決定を見直すタイミングやプロセスは、可能な限りオープンにしてメンバー全員で共有することが大切です。

こうすることで、組織のメンバーも今後の動きが見通せるため、結果として信頼も高まり、意思決定に基づく実行もより良い方向に進むのです。

次ページに「冷静な判断軸と情熱の判断軸、そして重視する判断軸」の一例を示しました。それを参考にして、あなたの会社における意思決定のための判断軸を見直してみてください。

[Work] 冷静な判断軸と情熱の判断軸、そして重視する判断軸

例示

冷静な判断軸

- 効果創出までにどれほど時間がかかるか？
- 見込める効果は投資・出資に見合うものか？
- メリット・デメリットを加味して時間をかけて検討したか？

情熱の判断軸

- 自分が仮に別の立場・組織にいたとしても、本当に同じ意思決定を行なうか？
- この意思決定を行なったあとの、未来がより良くなった姿がイメージできるか？
- リソースや資金が足りなくても、信念を貫き自ら進んで行動したいか？

重視する判断軸

- 見込める効果は投資・出資に合うものか？
- 自分が仮に別の立場・組織にいたとしても、本当に同じ意思決定を行なうか？

ワーク

冷静な判断軸

-
-
-

情熱の判断軸

-
-
-

重視する判断軸

-
-

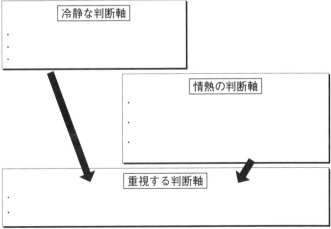

第4章 まとめ

「意思決定」を変革する

☑ **迅速かつ適切なベスト・デシジョンメイキングが必要**

・事業環境が複雑化し意思決定の重要性が増している

・戦略重視からオペレーション重視にシフトしている

☑ **間違えることを前提とした意思決定を可能にする**

・やり直しがきく状態をつくる

・間違えた場合の損失が小さくなる状態をつくる

☑ **重要な意思決定の種類・内容を掘り下げる**

・何をやるか／やらないか？

・いつやるか（いつ始めるか）？

・やることの内容はどうするか？

・続けるか／やめるか？

☑ **重視する判断軸を明確にする**

・客観的な情報による冷静な判断軸だけでは不充分

・強い意志・思いを持ち情熱の判断軸も大切にする

・冷静な判断軸と情熱の判断軸の双方を重視する

第5章

経営トップ自身が変えるべきこと

経営トップ自身も変わることが求められている

▼コンサルティングファームにおける2つの流れ

コンサルティングファームにおけるクライアントへの提供価値は、時代の流れとともに変化しています。

現在の1つの大きな流れは、「戦略策定支援から効果創出支援への流れ」です。

以前は、外部環境、内部環境を俯瞰してとらえ、ファクトを収集し分析し、企業の戦略や方向性を指し示すことができれば、クライアントはコンサルティングファームに対し提供価値を感じてくれました。「企業の水先案内人」としての提供価値が、ここでは求められていたのです。

しかし現在は、戦略が企業の実際の仕組みに落とし込まれ、実行に移され、成果や効果

※デザインシンキング

ユーザーも気づかない本質的なニーズを見つけて、新たなモノを生み出す発想法（1→10の思考法）

につながることで初めて、提供価値を感じてもらえます。「ビジネスパートナー」としての提供価値が現在は求められているのです。したがって、変化を直接主導し、成果や効果の創出に直接貢献することが不可欠となっています。

もう1つの流れは、「ロジカルから非ロジカルへの流れ」です。

コンサルタントに求められるスキルとして、以前真っ先に挙げられたのは、ロジカルシンキングでした。論理的思考力を武器に、客観的かつ冷静な判断を行ない、相手を説得する力が重要でした。

しかし近年は、デザインシンキング※やアートシンキング※などが、コンサルタントのスキルとしても注目されています。また、実行局面においては、自らの強い思いに基づく感情的で情緒的な力、いわゆるソフトパワーも必要とされるようになっています。

なぜ、ここでコンサルティングファームの話題を出したかと言えば、コンサルティングファームに求められることは、企業に求められることの先行指標だからです。

クライアントである企業がコンサルティングファームに求めていることは、本質的にはクライアント自らが必要としていることにほかなりません。

企業の経営トップは、自分で行ないたいと考えているものの、何らかの理由でできない

※アートシンキング
立体的、多面的に考察し、本質的な項目を抽出して、新たなモノを生み出す新しい発想法（0→1の思考法）

ことを、コンサルティングファームというパートナーの力を使って実現しています。

このコンサルティングファームにおける2つの流れは、多くの企業で必要とされていることであり、経営トップに求められていることなのです。

▼まずは経営トップ自身が変わることが必要

第1章から第4章まで、ニューノーマルの時代における企業変革の重要性について述べてきました。変化に対応できる企業だけが生き残れることは、説明するまでもなく、これまでの歴史が証明しています。

こうした時代の中で、経営トップは変革を主導し効果を創出していくことが求められています。

「大きな方向性を示し、あとは部下にやってもらう！」

こうしたやり方では、これからの経営トップは務まりません。組織の他のメンバーは白けてしまい、変革は何も思うように進まないでしょう。

企業の柱となる課題や構造に注視し、自らが深掘りすることで、本質的な課題を明らかにしていくことが重要です。そのうえで、自らが先頭に立って、自社の柱となる仕組みを変えていき、課題を解決していくことが必要となります。

その際、組織を動かすためには、論理的に正しいことを説くだけではじゅうぶんではありません。

組織や社会は、ますます理屈だけでは動かなくなっています。組織を実際に動かして効果を生み出すためには、非ロジカルな思考やコミュニケーションが重要です。

そのためには、まず相手の価値観や感情を深く理解することです。センシティビティ※と共感力を高めて相手をよく理解したうえで、理性だけでなく感情にも訴えていくことが求められているのです。

このように、経営トップに求められる資質・要素も変化しています。

組織を変えるためには、まずは経営トップ自身の変革が重要です。

経営トップ自身がまず変われなければ、メンバーを動かし、組織を変えていくこともできないでしょう。

※センシティビティ

感受性、敏感さ、感度

経営トップはどう思考し、行動すればいいのか？

▼経営トップが拠りどころとしてきたもの

変化が激しく複雑で、答えのない世の中で、経営トップは自分自身を変えていきながら、組織やメンバーを動かし、自社の変化を推進していくことが求められています。

これは、実際にやろうとすると、どれも大変なことです。

しかし、経営トップとして選ばれた以上、やるしかないのです。

「経営トップは孤独だ」と言われる所以も、こうしたところにあります。変革を推進する経営トップは、まず最初に「変わりたくない自分」と向き合いながら、自らを奮い立たせて様々なものを変えていかなければなりません。

こうした過程では、迷うことも多いでしょう。迷ったときには、何らかの助けや、思考・

行動の拠りどころとなるものが必要です。

では、経営トップは何を拠りどころにすればよいのでしょうか。

経営トップが変革を進める際に、これまでは次に挙げるようなものを自らの拠りどころとしていたに違いありません。

① あるべき戦略
② 権威の意見
③ ベストプラクティス
④ 成功体験
⑤ 評価されること

これらはどれも、企業経営においては経営トップなら誰もが強く意識しており、重要なものだと考えているものです。しかし、経営トップが自らを変革しながら、収益の拡大と個人の心の豊かさの実現という2つの成果を同時に上げていくためには、**経営トップの思考・行動の拠りどころにすべきものも、あえて大きく転換させていく**必要があるのです。

▼VUCAの時代に経営トップの拠りどころとなるもの

これからは、経営トップの拠りどころを次ページの図のように大転換させていくことが必要だと私は考えています。

その理由の説明に入る前に、みなさんに企業経営におけるもっとも重要で本質的な問いを2つ投げかけたいと思います。

「変わるものと変わらないものは何か？」
「変えるものと変えないものは何か？」

これらの問いは、ビジネスの世界に留まらず、私たちの生活や人生にとっての最大の問いかもしれません。

自然も社会も世の中のすべてのものに「変わらないものはない」というのが私の考えです。

つまり、すべてのものは、何らかの形で変化しているため、必然的に、「変えないもの」

■経営トップの思考・行動の拠りどころの転換

① あるべき戦略	➡ ありたい意志
② 権威の意見	➡ コアコミュニティの思い
③ ベストプラクティス	➡ 共通性
④ 成功体験への固執	➡ 失敗体験からの学び
⑤ 評価されること	➡ 信頼されること

も世の中にはないことになります。

しかし一方で、次のような違いはあると私は考えています。

「変わりやすいものと変わりにくいもの」

「変えやすいものと変えにくいもの」

すべてのものは変わるとしても、その変化のスピード自体は異なるということです。

VUCAの時代を生き抜くうえで、経営トップはできる限り**「変わりにくいもの・変えにくいもの」を思考や行動の拠りどころとすべき**です。なぜなら、「変わりにくいもの・変えにくいもの」に寄り添うほうが、ブレずに安心して変革を進めることができるからです。

経営トップの拠りどころの転換①

「あるべき戦略」から「ありたい意志」へ

では、世の中において「変わりにくいもの・変えにくいもの」とは何なのでしょうか。

それは、自分にとってもっとも身近で内面的な要素と、自然や社会における法則です。

すなわち、前ページの図の中で挙げた5つの拠りどころの転換に共通しているのは、「変わりにくいもの・変えにくいもの」への転換を図っているということなのです。

このあと、それぞれの大転換の内容について説明していきます。

客観的なファクト（事実）や分析に基づき、ロジカルに未来のあるべき答えを導き、戦略に従い冷静に実行する。こうした姿は、かつて経営トップに求められていた理想の姿でした。

いまでも、できる限り個別事情に惑わされず、客観的に判断し行動しようと考えている経営トップは多いはずです。

一方で、そうした理屈や思いが、なかなか組織のメンバーには伝わらない、メンバーが動かない、といった悩みを抱えている経営トップも多いのではないでしょうか。

変化が激しく複雑化する事業環境の中で、客観的な分析や判断だけに頼ることには限界があります。なぜなら、誰が見ても明らかな未来の姿や正解がなくなってきているからです。第4章で触れたように、つねに間違えないで正しい意思決定を行なうことも難しくなっています。

こうした状況下で、客観的な事実や理屈を示し、あるべき姿を説くだけでは、誰も納得しないのです。経営トップが組織やメンバーを動かしていくためには、**自分の内面から湧き上がる、自らの思いや意志のほうが重要**になります。複雑な社会では、理屈よりも情熱のほうが人を動かすのです。

サーバントリーダーシップ※に関連する世界的名著である『サーバント・リーダー』の中で、ジェームズ・ハンターは、「意志＝意図＋行動」について言及しています。つまり、意志とは行動を誘発します。

近年、若者を中心に社会課題・社会貢献への関心が再び高まっています。若者の「世の

※サーバントリーダーシップ

アメリカのロバート・K・グリーンリーフが1970年に提唱した、「リーダーである人は、まず相手に奉仕し、そのあと相手を導くものである」というリーダーシップ哲学

中を変えたい」という思いは、いつの時代にも共通していますが、最近の特徴は「目の前の課題を変えることで世の中を良くしたい」という強い意志が感じられることです。

遠い未来の姿は誰も予測できません。どのように変わるかわからない不確実な未来の「あるべき姿」よりも、目の前にある課題を解決したいという意志のほうが、より本質的で確実です。

それならば、将来のあるべき戦略よりも、目の前の自らの意志や思いを優先させて行動したほうが、より良い変革を進めていくことができるのです。

経営トップの拠りどころの転換②
「権威の意見」から「コアコミュニティの思い」へ

「困ったとき、迷ったときに頼るのは権威の意見」

これも経営トップの事業運営における常套《じょうとう》手段と言えるでしょう。権威の意見は、組織やメンバーに対しもっとも説明がしやすく、説得するときの材料となるからです。

権威に寄り添う理由の多くは、「間違いを少なくするため」であるように思います。経験の浅い経営トップは、間違いや失敗を起こさないために、権威に意見を求めて判断の材料にするのです。しかし、VUCAの時代では正しいことばかりを行なうことはできません。間違えることを前提とした事業運営が必要となります。

権威の意見がつねに正しいわけではありません。また、権威と呼ばれる人も頻繁に変わってしまうのです。権威の意見も以前ほど完璧なものではなく、変わるものなのです。

だとすれば、権威の意見に従うよりも、もっと自分にとって大切で影響力があり、変わらないものに従うほうが得策です。

それは、「**コアコミュニティの思い**」です。

コアコミュニティとは、「**自分にとって、もっとも身近で大切に思っており、頼れる存在**」のことを指しています。

人によって、コアコミュニティが誰かは異なります。例えば、それは家族であり、恋人であり、親友であり、職場の親しい同僚や上司でしょう。

これからの経営トップには、収益の拡大とともに、個人の心の豊かさを実現していくことが求められています。しかし、多様化し複雑化する社会や企業経営において、一人の行動がすべての人の心を満たすことは難しいでしょう。

したがって、それぞれの経営トップが、自らのコアコミュニティに寄り添い、身近な個人の心の豊かさを実現することに専念するほうが得策なのです。

企業経営を通じ、経営トップが自分の身近なコミュニティを幸せにしていくことができれば、結果的に多くの人たちを幸せにできるはずです。

経営トップの拠りどころの転換③
「ベストプラクティス」から「共通性」へ

▼ベストプラクティスに頼ることができない

ベストプラクティスを学ぶことは、以前から多くの企業で盛んに行なわれており、その流れは現在でも続いています。

1970～1980年代の日本企業の成功・繁栄の裏に、欧米企業の研究があったことは有名です。近年で言えば、韓国や中国のハイテク企業が、日本のエレクトロニクス企業を徹底的にベンチマークにして技術等を学んだ結果、コストの側面のみならず性能・品質面でも日本企業に追いつき、追い越していきました。

ベストプラクティスの研究は、フォロワーの戦略としては極めて重要であり、有効だったのです。

しかし私たちはいま、先の見えない時代を生きています。そして、前例のない社会で、新しいものをすばやく生み出していかなければなりません。

第1章でも触れたように、前例がないものについては、ベストプラクティスはそもそも存在しません。これまでのベストプラクティスが、これからの新しい環境下でもベストプラクティスであり続ける保証は、どこにもないからです。

ベストプラクティスに頼れないのなら、何を拠りどころにすればよいのでしょうか。

その答えは、「**共通性**」にあります。

▼共通性を拠りどころにする

近年の社会では、とかく差異に目が向きやすくなっています。異質なものや標準からの差異を見つけ、徹底的に叩く風潮がSNSで加速していることは、みなさんも肌で感じているはずです。

また、ベストプラクティスも、先進的という差異に注目しています。一般的に人間にとって、差異は認識しやすく、理解がしやすいものです。

一方で、共通性にはあまり目がいきません。なぜなら、共通性は多くの場合、人間や社会の中であたり前のことになってしまっているからです。

しかし、前提が変わり、あたり前のものがあたり前でなくなる社会においては、あえて共通性に目を向け、深く考えてみることが有効です。

差異よりも共通性のほうが、ものごとの本質をとらえており、重要なことが多いのは、偶然ではありません。なぜなら、様々なものが変化し変わっていくなかで、変わらず残ってきたものが、共通性のもとになっていることが多いからです。

このように考えれば、頻繁に変わってしまうベストプラクティスに頼るよりも、変わらずに残っている共通性に着目し、それを拠りどころにするほうが、変革を進めるうえでは役に立つのです。

経営トップの拠りどころの転換④
「成功体験への固執」から「失敗体験からの学び」へ

成功体験ほど経営トップにとって魅力的なものはありません。なぜなら、自らの成果や手柄を周りにアピールすることができるからです。

もう1つの魅力的な理由は、成功体験には再現性がある（あった）ことです。成功体験をうまく横展開できれば、別の場面でも成功確率を高めることができました。再び成功を収めることができたのです。

こうして成功体験を積み重ね、昇り詰めた経営トップも多いことでしょう。

しかし一方で、成功体験から抜け出せない経営トップが、特に大企業に多いことも事実です。成功体験に固執しているこうした経営トップの多くは、残念ながら職場ではすでに輝きを失ってしまっています。

経営トップが成功体験に足元をすくわれる要因の1つに、マインド的な側面があることは言うまでもありません。成功体験におぼれて傲慢になり、学ぶ姿勢や努力を怠れば、かつての成功体験の成果は色あせ、弊害だけが目立つようになります。

また、事業環境が変わってしまい、もはや、いままでのやり方が通用しなくなっているにもかかわらず、いままでと変わらない同じ思考・行動パターンを繰り返してしまうことも成功体験の弊害です。

変化が早く、先の見えない複雑な世の中になるほど、成功体験のいわゆる「賞味期限」は短くなります。つまり、成功体験をそのまま使える期間は短くなるのです。

だとすれば、もっと変わらないものに頼るほうが賢明です。

それが、**「失敗体験からの学び」**です。

失敗体験の多くは、経営トップにとっては思い出したくもないことでしょう。私自身も、できれば忘れてしまいたいと思う失敗談は数多くあります。

しかし、失敗体験を思い返してよく分析してみると、それによって得られた学び（失敗の原因など）は、時代が変わり環境が変わっても、依然として有効であることが多いのです。幸か不幸か、失敗体験の賞味期限は、成功体験よりもずっと長いのです。

なぜ賞味期限が長くなるかと言えば、失敗体験は普遍的でより本質的な原因に裏打ちされているからです。

「成功は偶然、失敗は必然」

このような言葉もあります。それであれば、失敗体験を変わりにくいものとして自身の拠りどころとしながら、自分の学びとして、同じ失敗を繰り返さない思考や行動をとるほうが、変革を進める経営トップの姿として妥当であることは違いありません。

経営トップの拠りどころの転換⑤
「評価されること」から「信頼されること」へ

「周りから評価されたい！」
「上司から褒められたい！」

こうした思いは、働く人全員が強く持っていることでしょう。

評価されたいという思いを持つことは、誰にとっても極めて自然で健全な姿です。まして や経営トップともなれば、評価は報酬などと直結しています。否が応でも、評価されるかどうかは、自身の思考や行動のベースとなることでしょう。

しかし残念ながら、下される評価は「相対評価」です。相対的であるということは、環境や周りの状況、評価する側の気分によって「変化してしまう」ということです。自分が想定しているものと一致するとも限りません。評価は変化しやすく、コントロールができないのです。

近年、人事評価における「絶対評価」を導入する企業も出てきました。こうした取り組みは意欲的で評価すべきものですが、なかなか成果を上げるまでには至っていません。それは、絶対評価の限界に起因しています。

評価対象者という母集団が存在し、評価と結びついた報酬などの原資の金額に上限が定まっている限り、どこまでいっても評価には、順位付けといった相対的な要素が入り込んでしまいます。

このように、状況によって変わりやすい評価を気にして、「評価されるかどうか」を拠りどころにするのは、得策ではありません。

それでは、代わりに拠りどころとなる、変わりにくいものは何でしょうか。

それは「**周りからの信頼**」です。

信頼とは、私たちの思考や行動の根幹を支える本質的な要素です。信頼は、ニューノーマル時代の社会を生き抜くうえで、もっとも大きな価値とみなされるようになっています。

信頼を失う行動をとれば、信頼は一瞬で失われますが、信頼を得ようとする行動や信頼を維持しようとする行動には、普遍性があります。こうした行動から生まれた信頼は、変化を受けにくく、変わりにくいものであることは間違いありません。

そうであれば、

「いかに周りから評価されるか」

をベースに考えて行動するよりも、

「いかに周りから信頼されるか」

をベースに考えて動くほうが、社会の変化に左右されず、変革を進めるうえで武器になることは間違いありません。

新しい経営トップに求められる「ブリコラージュ戦略」

経営トップ自らの拠りどころとなるものを大胆に見直し、虫の目を使って、**オペレーションを抜本的に変革していく**ことで、自分自身も変えながら、企業を変えていく。

これこそが、本書で述べてきた、あるべき経営トップの姿です。

なぜ虫の目を使って、目の前の状況や課題を深掘りしていくことが重要になるかと言えば、変化に際し本質的な足元を固めることが一番確実で、かつ着手しやすいためです。

VUCA、そしてニューノーマルの時代においては、もっとも確実で、かつ着手しやすいところから進めていくことが重要なことは言うまでもありません。こうすることで、変革を確実に成果につなげ、効果を生み出していくことができるのです。

その際の戦略として重要となるのは、自身の強みがある、慣れ親しんだ領域からスタートし、少しずつずらしながら変革領域を広げていくことです。

その際に参考になるのが、「ブリコラージュ」という考え方です。

ブリコラージュとは、「寄せ集めて自分でつくる」ことを表わすフランス語で、「繕う、ごかます」といった言葉が語源となっています。

もともとは建築などの技術分野や、文化・芸術の分野で使われてきた言葉ですが、近年ビジネスの世界でも、この概念が使われる場面が増えつつあります。

「とりあえず、ありものの寄せ集めから始める」

こうした態度は、従来の経営トップの姿勢とは縁遠いものでしょう。

しかし、本書の中で繰り返し述べてきた事業環境の変化を踏まえると、しっくりくる姿勢だと私は感じています。

自分の強みやスキル、大切にしていることの棚卸しを行ない、まずは自己理解を深めることが重要です。そのうえで、自分の価値観と強みを活かし、それらを組み合わせて、できることから始めていけばよいのです。

これが、これからの経営トップに求められる「**ブリコラージュ戦略**」なのです。

いま、私たちが直面しているVUCAの時代では、着実に一歩ずつ進めていくことこそが、経営トップの使命なのです。

間違えることを恐れず、意志を持って行動に移す。そのうえで定期的に立ち止まり、振り返り、困ったときにはパートナーに助けを乞う。

これまでの経営トップ像から見れば、頼りない姿に見えるかもしれません。

しかし、心配はいりません。

経営トップ像もまた変化しているからです。

求められる経営トップ像、理想の経営トップ像も、時代と共に急速に変化していきます。みなさんが思い描いている理想の経営トップ像が、これからも変わらず理想の経営トップ像である保証はどこにもありません。むしろ、変わらないことのほうが珍しいでしょう。

本書の内容にしっくりこないと感じられた読者がいれば、それは経営トップとしてのみなさんにとって大きなチャンスです。

私は、本書執筆の1つの目的を達したとも言えます。

VUCA時代の変化にすばやく対応するためには、つねに異質なものに触れ、違和感を覚えながらも、その中から使える共通性を見出し、活かしていくことが大切です。

自分の想定・前提の外にあるものを、どのように受け入れ、自分の想定・前提の内にあるものと組み合わせて自らの価値を高めていけるかが、これからの経営トップには問われています。

こうした経営トップの思考や行動の転換こそが、自らを変え、そして会社を変革する力となっていくのです。

第5章 まとめ

「経営トップ」自身が変わる

☑ 戦略策定から効果創出へ

・戦略を策定しても実行できなければ意味がない

・戦略により成果を生み出す仕組みづくりが重要

☑ ロジカルから非ロジカルへ

・課題発見・設定型の思考が重要
（デザインシンキング、アートシンキング）

・感情的で情緒的なソフトパワーも必要

☑ 相手の価値観や感情を深く理解することが重要

・共感力を高め、感情に訴えていく力が求められる

☑ 経営トップの拠りどころの転換

・あるべき戦略から「ありたい意志」へ

・権威の意見から「コアコミュニティへの思い」へ

・ベストプラクティスから「共通性」へ

・成功体験への固執から「失敗体験からの学び」へ

・評価されることから「信頼されること」へ

おわりに

最後までお読みいただき、ありがとうございます。

本書では、「ニューノーマル時代」に突入し、私たちの生活や意識が大きく変容するなか、企業の「心臓」であるオペレーションを経営トップが先頭に立って変革する必要性について述べました。また、そのためには、経営トップ自身の思考や行動も変わっていくことが重要であることも述べました。

変革に関しては、近年「ＤＸ＝デジタルトランスフォーメーション（Digital Transformation）」が大きな注目を浴びています。

デジタルトランスフォーメーションとは、スウェーデンのウメオ大学の教授であるエリック・ストルターマンが２００４年に発表した論文の中で初めて提唱したと言われています。もともとは、「ＩＴの発展が人々の生活をあらゆる面でより良い方向に変化させる」ことを目指して生まれた言葉です。

デジタルテクノロジーを活用し、企業・経済活動の発展と私たちの生活の豊かさを実現することが、デジタルトランスフォーメーションの目指すところと言えるでしょう。

「オペレーション トランスフォーメーション（Operations Transformation）」もまた、会社の構造や仕組みを変えることで、企業収益の拡大と、個人の心の豊かさの実現の2つの両立を目指すものでした。

「トランスフォーメーション」、すなわち「変革」とは、「変わって新しいものになること」を意味しています。デジタル技術などの「外側」からの力が内に伝わり、「内側」でも変わる力が育まれることで初めて、変化は加速し「新しいものになる」ことができます。

つまり、デジタルトランスフォーメーションも、会社の仕組み・オペレーションが変わらなければ、じゅうぶんな効果を発揮できません。

デジタルトランスフォーメーションとオペレーショントランスフォーメーションの「相互作用」こそが、これからの企業と社会、そして個人に大きな変革を生み出していきます。

デロイト トーマツ コンサルティングで私が率いているオペレーショントランスフォーメーションチームは、こうした背景を踏まえ、オペレーション変革をより大きな視点でとらえ、会社全体の構造・仕組みを抜本的に変革していくための支援を行なっています。

具体的には、「企業が顧客に対し提供する価値」、別の言い方をすれば「ビジネスモデル」を変化させるために、会社全体の構造・仕組みをどのように変えていけばよいかを見定め、新しい仕組みや業務を設計し、仕組みや業務を実際に導入するサポートを行なっています。

そこでは、本書で述べたコスト構造、人材の提供価値・ケイパビリティ、意思決定のやり方に加え、組織構造、機能、業務プロセスを一体で変革することで、収益の拡大と個人の心の豊かさの実現を目指しています。

会社の構造・仕組みの変革には時間を要します。しかし、まず人と仕組みが変わることが大切だと考えています。人と仕組みの変革を通じ、オペレーション全体が機能し始めます。その結果、顧客に新しい価値を提供することが可能となり、企業の成長と個人の豊かさを実現していく——。

本書がこうした大きなうねりの1つのきっかけとなれば、これほど嬉しいことはありません。

今回の出版に際し、出版プロデューサーの神原博之さん、日本実業出版社のみなさんには、本書の趣旨に賛同いただき、読者にわかりやすく内容が伝わるよう、構成や内容について様々な貴重なアドバイスを頂戴しました。ここに深く感謝申し上げます。

また、新しいチャレンジを通じ変革を一緒に進めているオペレーショントランスフォーメーションチームのメンバー全員と、コアコミュニティに感謝の意を表します。

最後に、いつも応援しサポートしてくれる家族に、心より感謝の気持ちを伝えたいと思います。

２０２０年10月

高砂哲男

高砂哲男（たかさご　てつお）
デロイト トーマツ コンサルティング合同会社 執行役員 パートナー。慶應義塾大学法学部卒。大手エレクトロニクス企業、外資系コンサルティングファーム戦略部門パートナーを経て、現職。企業変革、事業変革、構造改革、オペレーション変革のプラン策定・実行領域で、18年以上のコンサルティング経験を有する他、大手事業会社に二度出向し、ハンズオンで企業変革を支援した実績も有する。
現在はデロイト トーマツ コンサルティングにて、オペレーショントランスフォーメーションの日本リーダーを務め、「人材価値の変革とそれを支える企業の仕組み変革が日本企業再成長の鍵」との信念の下、企業と人材の変革を、戦略策定から仕組み作り・実行までEnd to Endで支援している。著書に『フューチャーワーク　新時代で成果を２倍にする思考とスキル』（河出書房新社）などがある。新聞・雑誌・ネット媒体への寄稿多数。

ニューノーマル　「変革《へんかく》」する経営戦略《けいえいせんりゃく》
オペレーション トランスフォーメーション
2020年12月１日　初版発行

著　者　高砂哲男 ©T.Takasago 2020
発行者　杉本淳一

発行所　株式会社日本実業出版社　東京都新宿区市谷本村町３−29 〒162-0845
大阪市北区西天満６−８−１ 〒530-0047
編集部　☎03-3268-5651
営業部　☎03-3268-5161　振　替　00170-1-25349
https://www.njg.co.jp/

印刷・製本／木元省美堂

ISBN 978-4-534-05815-7 Printed in JAPAN

日本実業出版社の本

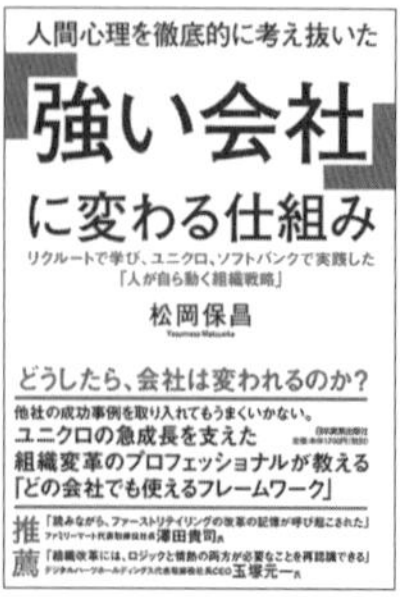

人間心理を徹底的に考え抜いた「強い会社」に変わる仕組み

松岡保昌
定価 本体 1700円（税別）

リクルートでコンサルタントとして数多くの企業の組織改革に携わり、ユニクロ、ソフトバンクで経営トップとともに実践した「強い会社に変わるフレームワーク」を初めて明かす。

「雑草」という戦略

予測不能な時代をどう生き抜くか

稲垣栄洋
定価 本体 1500円（税別）

ビジネスや人生の参考になる雑草の生き方、生存戦略を紹介。オオバコ、カタバミなど、雑草の生き残り策を、ランチェスター戦略、ブルーオーシャン戦略など、ビジネス戦略と絡めて解説。

勝ち残る中堅・中小企業になるDXの教科書

野口浩之・長谷川智紀
定価 本体 1800円（税別）

中堅・中小企業向けにDXを解説。人的資源や資金が豊富でない中堅・中小企業がどのように先端デジタル技術を取り入れ、ビジネスモデルを変えていくか、先進事例を交え具体的な進め方を示す。

定価変更の場合はご了承ください。